한국외국어대학교 EU연구소
신사회계약인문사회총서 02

법으로 보는 유럽

이 책은 2022년 대한민국 교육부와 한국연구재단의 지원을 받아
수행된 연구임(NRF-2022S1A5C2A02091292)

유럽 공동체를 바로 세운
질서를 찾아서

한국외국어대학교 EU연구소
신사회계약인문사회총서
02

법으로 보는 유럽

김봉철 지음

식민제국주의
/
산업혁명, 자본주의
/
세계대전 등

세계를 뒤흔든 사건과 함께 보는 유럽 법의 역사

HU:iNE

머리말

유럽은 인류의 역사에 많은 영향을 주는 곳이다. 고대 그리스와 로마, 대항해시대와 식민제국주의, 산업혁명과 자본주의로 흐른 유럽 사회는 자유와 평등에 관한 사상 아래서 갈등과 통합을 반복하며 지배와 해방이라는 모순을 낳았고 근대 국제사회의 주인공이 되었다. 그리고 두 번의 세계대전으로 현대사회의 문을 열었다. 이러한 흐름에는 언제나 그 사회가 만든 규범이 존재하는데, 유럽의 법은 사회와 시대의 변화에 맞추어 변주를 반복하고 진화하였다. 어느 시대 유럽 사회의 약속인 법제를 살펴보면 당시의 유럽을 이해하는 조각을 찾을 수 있으며, 법제가 변화하는 모습을 따라가면 유럽 사회의 진로를 추적할 수 있다.

'법으로 보는 유럽'의 기획은 유럽의 역사에 놓인 법제들을 살펴보면서, 이 사회가 어떻게 변화하였고 그들이 중요시한 가치가 무엇인지 찾으려는 목적에서 출발하였다. 이 책은 유럽의 법에 관한 세밀한 분석보다는, 그 법이 유럽 사회의 변화에 어떠한 영향을 주었는지 또는 유럽의 진화에서 법이 어떻게 작동하였는지를 보여주려고 하였다. 따라서 독자들이 굳이 법을 전공하지 않았어도 혹은 규범에 대한 자세한 지식이 없더라도, 유럽 사회가 변화의 모퉁이를 도는 과정에는 항상 법과 규범의 역할이 있었다는 것을 느끼기를 바란다.

이 책은 그동안 저자가 유럽에 관한 법제를 연구하고 가르치는 과정에서 만난 글과 정보를 정리하고, 직접 작성한 글에 살을 붙이는 과정에서 준비되었다. 유럽 사회의 질서와 법제들은 오랜 시간 강물처럼 흐르며 서로 연결되는데, 가능하면 이러한 연결성을 이해할 수 있도록 내용을 구성하려고 노력하였다. 따라서 이 책은 시대 변화에 따른 순서로 구성되었으며, 오랜 기간에 걸쳐 지속되거나 유럽의 일부 또는 내부에서 시작되어 유럽 전역으로 또는 외부로 전파된 역사의 사건들은 서로의 관련성에 따라 다음과 같이 배치되었다.

제1장은 유럽 사회의 변화에 큰 영향을 주었던 주요한 법제 사례를 살펴보았다. 유럽의 질서를 처음으로 통합하였던 로마의 법제, 오랜 기간 종교적 영향력을 행사하며 유럽 전반에 기준들을 제시한 교회법 원칙, 그리고 프랑스 대혁명을 낳은 자유주의 사상이 반영된 나폴레옹의 프랑스 민법전이 대표적인 사례이다. 이러한 법제들을 형성하는 원

리는 유럽의 갈등, 분열, 통합의 과정에서 다양하게 활용되거나 유연하게 변용되었다. 이러한 오랜 유럽의 법제적 진통은 현대사회에도 여전히 유럽공동체에 일체감을 준다.

제2장은 유럽의 팽창과 식민제국주의 경쟁에서 활용된 법제들을 로마법의 Uti possidetis 원칙과 더불어 살펴보았다. 스페인과 포르투갈은 대항해시대를 열고 식민지를 확장하면서 경쟁하였다. 그들은 갈등을 해결하기 위해서 무력과 약속을 적절하게 활용하였는데, 식민제국주의 유럽 국가들 사이의 약속인 조약에서도 고대 로마법에서 유래한 Uti possidetis 원칙을 발견할 수 있다. 이 원칙은 시대와 장소의 변화에 따라서 유연하게 진화를 거듭하였고, 국제사회의 여러 사건에서 여전히 이 원칙이 적용되고 있다.

제3장은 식민제국주의에 등장한 원주민 차별 등에 관한 법제를 살펴보았다. 스페인은 아메리카 대륙을 식민지로 삼으면서 원주민을 착취하고 파괴하였다. 그러나 이러한 행위들에 대한 인류애적, 종교적, 우월적 해석들이 엉키며 의견대립도 나타났다. 여기에 정치적 또는 경제적 이해관계가 더해지며 여러 법제가 등장하였다. 이와 같은 법제는 현재까지도 유럽과 독립한 국가에게 숙제를 준다.

제4장은 산업혁명과 자본주의에 관한 유럽 사회의 법

제들을 살펴보았다. 산업의 기계화는 유럽에 생산과 물류의 혁신을 가져왔고 근대식 자본주의를 낳으며 경제구조를 변화시켰다. 경제 발전의 수단이었던 자본시장은 자체로서 별도의 산업으로 확대되었고, 이를 위한 법제의 발전이 이루어졌다. 자본주의의 진화와 함께 관련 법제 역시 끊임없이 변화하였는데, 최근 유럽의 자본시장 규율에 관한 여러 법제의 변화는 계속되고 있다.

제5장은 유럽 내부적 분쟁에 관한 조약 등을 살펴보았다. 수많은 전쟁은 유럽 전체를 파괴하였으나, 법제와 역사의 변혁을 가져오는 계기가 되기도 하였다. 베스트팔렌조약은 근대 국제법의 시작으로 평가되며, 영국-프랑스의 갈등은 왕권 강화와 민족주의가 싹트는 기회가 되었다. 전쟁의 과정에서 나타난 분열과 통합은 결과적으로는 현대 국제사회의 질서를 재편하였고, EU를 탄생시키기도 하였다.

제6장은 현대사회의 유럽 통합과 관련된 법체계를 살펴본다. 세계대전 이후 유럽은 경제 불황과 식민지 독립 그리고 냉전 시대를 거치며 정치 및 경제적인 분열과 어려움을 겪었다. 이를 극복하기 위해서 유럽 통합에 관한 제안이 유럽석탄철강공동체 설립으로 구현되었는데, 여러 조약을 거치며 현재의 EU 체계가 완성되었다. EU는 단순한 국가

들 사이의 연계나 통합이 아닌 고유의 법인격을 가진 특수한 조직체로 발전하였으며, 별도의 법체계를 구축하였다.

제7장은 EU 체계에 큰 충격을 주었던 브렉시트(Brexit)에 관한 법제를 소개하였다. 영국에 작동하였던 EU법과 제도들이 변화하는 상황이 발생하였는데, 이제 영국과 EU는 새로운 관계를 설정하는 조약을 체결하여 자유무역 조건을 유지하면서 다양한 분야의 협력을 약속하였다. 양측의 관계는 당분간 이를 바탕으로 유지될 것이지만 장기적으로는 변화할 가능성이 충분하며, 이를 위한 법적 근거의 변화 역시 필요하다.

제8장은 실질적인 유럽의 통합을 위한 자유로운 이동에 관한 규범을 설명하였다. 유럽 사회는 내부적으로 활발한 사회 및 문화적 교류를 통하여 안전과 평화를 유지할 수 있으며, 경제와 정치적 협력을 확보할 수 있다. 유럽 국가들은 셍겐조약 등 자연인의 이동에 관한 조약을 체결하여 이를 실현하였다. 더블린규약은 외부로부터 유럽으로 진입하는 자연인에 대한 관리를 통합적으로 추진하기 위한 법제이다.

제9장은 북극 지역과 같은 새로운 지역과 분야에 관한 유럽의 법제를 소개하였다. 유럽 국가들은 북극에서 많은 갈등을 경험하였기 때문에 북극이사회를 출범시키거나 관

련한 정책과 국제법을 발전시켜왔다. 최근에는 환경문제와 인권, 평화, 지속가능성 등 다양한 유럽의 가치(European Value)가 반영되어 관련 법제가 진화하고 있다.

제10장은 빠르게 디지털 사회로 전환되는 유럽과 관련된 법제를 살펴보았다. 디지털 패러다임은 COVID-19의 확산 이후 온라인 중심의 활동과 관련한 수요가 증가하였는데, 유럽 사회에서도 디지털 환경을 위한 정책과 법이 제정되고 있다. 특히 디지털 유로화에 관한 법제는 온라인 결제를 선호하는 디지털 시대에 적합한 새로운 유럽식 화폐 기준이며, 유럽의 디지털 전환 정책을 자극하는 계기가 되었다.

유럽을 설명하는 책과 논문 그리고 다양한 정보는 사실 우리 주변에 너무도 많다. 이 책이 출간되어 이러한 상황에 혼란만 더하는 것이 아닌가 하는 걱정도 있다. 그러나 한국어를 사용하는 사회에서 법을 전공한 이가 유럽의 역사와 사회를 전반적으로 설명하는 경우는 흔하지 않다는 자부심이 이 책을 기획하고 원고를 준비하는 용기가 되었다. 이는 배우고 자라난, 그리고 현재는 가르치고 연구하는 터전이 된 사랑하는 한국외국어대학교에서 비롯되었는데, 이러한 결과를 내는 것이 이 학교가 한국 사회에서 담당해야 하는 역할이라고 믿는다.

이 책은 대한민국 교육부와 한국연구재단의 지원을 받아 한국외국어대학교 EU연구소가 수행하는 인문사회연구지원사업(NRF-2022S1A5C2A02091292)의 일환으로 출간되는 것이며, 동시에 2023년 한국외국어대학교 교내학술연구비의 지원으로 이루어진 것이기도 하다. 지난 수년 동안 EU연구소 소장직을 수행하며 많은 경험을 얻었는데, 이러한 경험이 이 책의 원고 작업에 많은 도움을 주었던 제자이자 스승이고 선후배이자 동료인 연구소 구성원들에게 긍정적인 효과를 줄 수 있기를 진심으로 바라고 있다. 연구소와 구성원들의 미래에 많은 발전이 있기를 소망한다.

2024년 3월

김봉철

차례

제7장

브렉시트에 관한 법제

제8장

자연인의 이동에 관한 유럽의 법제

제9장

유럽의 북극 관련 법제

제10장

디지털 유럽을 위한 법제

제1장

유럽 사회를 관통하는 전통적인 법제들

1. 로마법의 기원과 발전
2. 유럽의 교회법 원칙
3. 근대 프랑스의 나폴레옹 민법전

유럽이 중세에서 르네상스를 거쳐 근대사회로 진화하는 동안, 이 사회에 적용되었던 법과 제도 역시 끊임없이 변화하였다. 그 과정에서 기존 법에 자리하고 있던 여러 제도와 법리들은 새로운 시기에 적응하며 역사의 변동에서 살아남기도 하였다. 고대 로마 시대에서 시작한 여러 제도와 법리들, 유럽 사회에 깊숙이 배어 있는 기독교 사상과 교회법의 제도 및 법리들, 근대 자유주의 사상을 반영한 프랑스 민법전을 비롯한 여러 법제가 대표적인 사례들이라고 할 수 있다. 이러한 법리들은 유럽의 갈등과 분열, 그리고 통합의 과정에서 여러 차례 활용되었고, 사회적 요청에 따라서 융통성 있게 변용되기도 하였다. 현대 유럽 사회에서도 여전히 전통에서 우러나온 제도와 법리들은 존중되고 있으며, 각국과 구성원들에게 유럽이라는 사회·문화적 일체감을 부여하는 역할을 하고 있다.

1
로마법의 기원과 발전

현재 유럽에서 로마법과 제도 자체를 직접적으로 접하기는 어렵지만, 그것의 기초가 되는 원칙들, 가령, 민주주의, 자유주의, 자유경쟁의 원칙, 사회주의, 이타주의 등은 여전히 남아있다. 이러한 원칙 중에서 자유주의와 자유경쟁, 이타주의는 로마법 전반에 흐르는 원칙이다. 따라서 로마법과 현대사회의 법 사이의 직접적인 연관성을 찾기보다는, 로마법의 원칙들이 오랜 기간 유럽에 어떻게 스며들어 발전하였는지 또는 유럽의 법 제도 발전에 어떠한 영향을 주었는지 살펴보아야 한다.

395년 로마제국의 황제인 테오도시우스는 기존의 로마를 동서로 분리하여 두 아들에게 계승하였다. 동서로 분리된 로마에서 지금의 이탈리아에 해당하는 지역을 중심으로 하는 서로마제국은 게르만족에 의해 멸망하였다. 한편 동로마제국의 황제였던 유스티니아누스 1세는 유능한 인재들을 등용하고 막강한 군사력을 이용하여 과거 로마제국의 영토를 대부분 회복하였다. 그러나 유스티니아누스 1세는 무력만으로는 대제국을 오래 유지하기 어렵다고 판단하였다.

그는 법과 군대를 동시에 활용하여 로마제국을 관리하고자 하였으며, 이에 따라 고대 로마법을 정리하기 시작하였다. 이렇게 시작된 로마 법전 편찬 사업은 유럽 전역에서 복잡하게 계승되어 오던 고대 로마법의 원칙들을 부활시키면서도 합리적이고 통일적인 기준을 설정하는 역할을 하였다. 이렇게 529년이 되자 로마 황제들의 칙령과 법률(Leges)을 모은 Codex 칙법전이 완성되었고, 이 법전은 로마제국의 모든 법정에서 시행되었다. 이러한 작업은 기존 학설들을 체계적인 틀로 종합한 학설휘찬(Digesta seu Pandectae)의 편찬으로 확대되었고, 법학을 가르치기 위한 교재인 법학제요(Institutiones)의 편찬까지 이어졌다. 이러한 로마법 편찬 작업을 총칭하여 로마법 대전 및 시민법 대전(Corpus Iuris Civilis), 또는 유스티니아누스 1세의 이름을 붙여서 유스티니아누스 법전이라고 부르기도 한다.

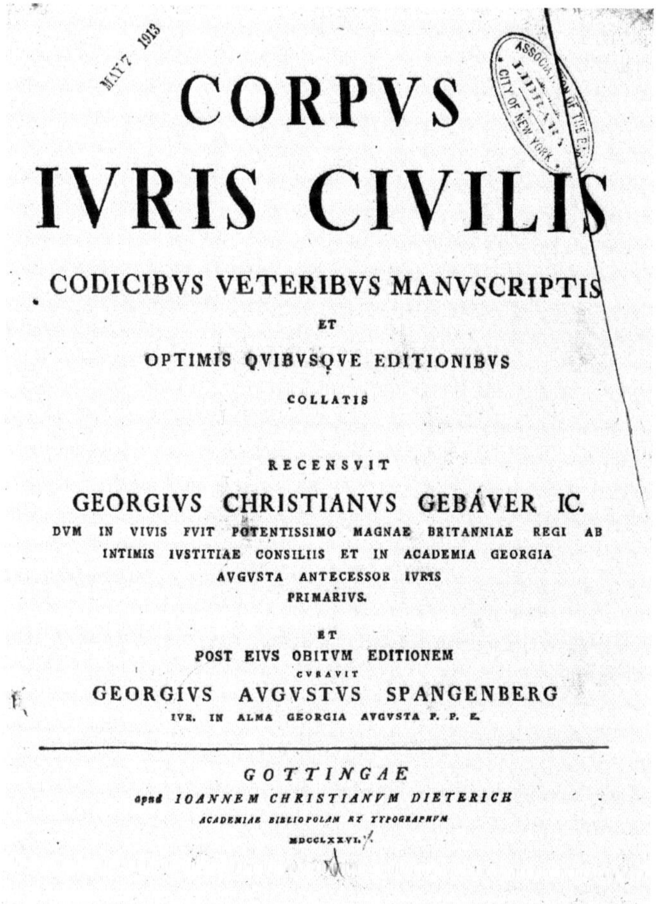
CORPVS
IVRIS CIVILIS
CODICIBVS VETERIBVS MANVSCRIPTIS
ET
OPTIMIS QVIBVSQVE EDITIONIBVS
COLLATIS
RECENSVIT
GEORGIVS CHRISTIANVS GEBÁVER IC.
DVM IN VIVIS FVIT POTENTISSIMO MAGNAE BRITANNIAE REGI AB
INTIMIS IVSTITIAE CONSILIIS ET IN ACADEMIA GEORGIA
AVGVSTA ANTECESSOR IVRIS
PRIMARIVS.
ET
POST EIVS OBITVM EDITIONEM
CVRAVIT
GEORGIVS AVGVSTVS SPANGENBERG
IVR. IN ALMA GEORGIA AVGVSTA P. P. E.

GOTTINGAE
apud IOANNEM CHRISTIANVM DIETERICH
ACADEMIAE BIBLIOPOLAM ET TYPOGRAPHVM
MDCCLXXVI.

시민법대전

로마법은 법이라는 개념과 인접한 종교, 도덕, 관습 등에서 법이라는 개념을 분리하여 이 개념만의 독자성을 인정하였다. 또한 로마법은 그 성질에 따라서 법을 공법, 사법, 실체법, 소송법이라고 하는 하위개념들로 분리하고, 법학 교육과 합리적인 법 적용을 위한 기술을 발달시키기도 하였다. 로마법은 크게 보았을 때 공법(Ius publicum)과 사법(Ius privatum)으로 구분되며, 현대의 법 체계에서 헌법과 형법 등이 공법의 범위에 해당한다. 반면에 로마 사법은 현대의 민법이나 상법 분야에 해당하는데, 개인의 자유와 이익을 보장하고 보호하는 것에 중점을 두었다. 역사의 계속성을 중시한 로마인들의 성격이 반영된 로마법 원칙과 체계는 로마제국이 1453년 오스만튀르크에 의해 패망한 이후에도 중세 교회법과 보통법(Ius commune)에 스며들었고, 많은 국가에서 법체계의 근간으로 계승되었다.

로마법 원칙들은 형법과 형사소송법 등에 해당하는 공법 분야보다는 자유주의 시장경제의 영향으로 실무가 중요한 사법 분야에 더욱 많이 반영되었다. 로마법의 사법에 해당하는 부분은 현대사회의 민사소송법 절차에 지대한 영향을 주었다고 평가되며, 서양 법제사의 연구에서도 중요한 대상이다. 로마법은 방대한 사법 영역에 대한 구체적인 법 기준을 제시한다. 고대 로마법의 시작인 12표법은 소유권(채무불이행), 낙태, 불법행위, 손해배상, 형사소송, 장례, 혼인 등 12가지의 중요한 사회적 분야에 관한 구체적인 기준을 제시하였고 현대사회에도 영향을 주었다. 예를 들어, 일부일처제(Monogamia), 부부 간의 합의(Matrimonium inter invitos non contrahitur) 등 혼인에 관한 로마법 원칙은 현대사회에도 이어지는 기준들이다.

소유권에 대한 기준 역시 로마법 원칙에서 시작하여 중세를 거쳐 근세에 이르기까지 발전되었다. 예를 들어, 로마법의 물권법 분야는 물건에 대한 사실상 지배를 의미하는 점유와 소유를 구별하였고, 이것이 다양한 사례를 통해서 발전하였다. A가 B의 물질을 사용하여 새로운 물건을 만들었다면 그 물건의 소유권은 누구에게 있는가 하는 논의가 유명하다. 고전적인 사비누스 학파는 '다른 사람의 물질 없이는 새로운 물건이 존재할 수 없다(quia sine material nulla species effici potest)'라고 주장했으며, 프로쿨루스 학파는 애초에 존재하지 않은 물건을 새로 만든 것이므로 새로운 물건을 제작한 사람이 소유자가 된다고 주장하였다. 유스티니아누스 1세는 '새로운 물건을 처음의 상태로 환원시킬 수 없다(in prisitinam speciem non potest reverti)'면 그 물건을 만든 사람이 소유권을 취득해야 한다는 기준을 제시하였다. 이러한 주장 모두 로마법 대전에 수용되었는데, 이와 같은 논의와 로마법 원칙은 국제법의 아버지라고 평가되는 그로티우스의 주장이나 노동력이 소유권 획득의 유일한 정당화 사유라고 주장한 존 로크, 그리고 19세기 칼 마르크스의 저작에도 영향을 주었다.

실제 로마법이 유럽에서 활용된 사례는 근대 이후 독일, 스위스, 이탈리아, 프랑스의 법 제도 등에서 찾을 수 있다. 이 국가들에서는 여러 법 분야 특히 민법에서 의해 채택된 로마법 원칙들이 다수 발견된다. 예를 들어 독일의 연방최고재판소는 1984년 로마법의 '위험을 부담하는 자에게 이익이 귀속되어야 한다'는 원칙과 로마법의 '흐르는 섬' 이론을 채택하여, 모젤강에 대한 국가 소유권을 부인하고 섬의 기존 소유자에게 소유권을 인정하는 판결을 하였다. 다양한 법체계와 제도들을 가진 유럽 국가들이 EU와 같은 통합체를 출범시킬 수 있었던 것은 여러 이유가 있겠으나, 로마법 원칙에서 유래한 법제의 공통점 안에서 유럽의 보편적 가치를 발견했기 때문이다.

2
유럽의 교회법 원칙

로마제국을 통하여 유럽 사회에 기독교가 수용된 이후 오랜 기간 종교의 영향은 대단하였다. 이러한 상황을 반영한 유럽 교회법은 8세기에 기원하였으며, 교회의 내부적인 규율에 로마법 원칙이 반영되기도 하였다. 로마법 원칙은 로마제국이 멸망한 이후에도 교회의 영향력이 확대되는 과정을 따라 이어졌다. 유럽에서 최초의 교회법 주석서는 9세기 프랑스에서 집필되었으나, 당시 사회가 교회법 논의를 종교와 신학에 포함하였고 시민법 학자들도 반대하여 정식 학문으로는 인정받지 못하였다. 1140년 수도사인 그라시아노(Gratianus)가 당시의 법령들을 집대성한 '그라시아노 법령집'을 출간하면서, 점차 교회법에 관한 논의가 독립적 학

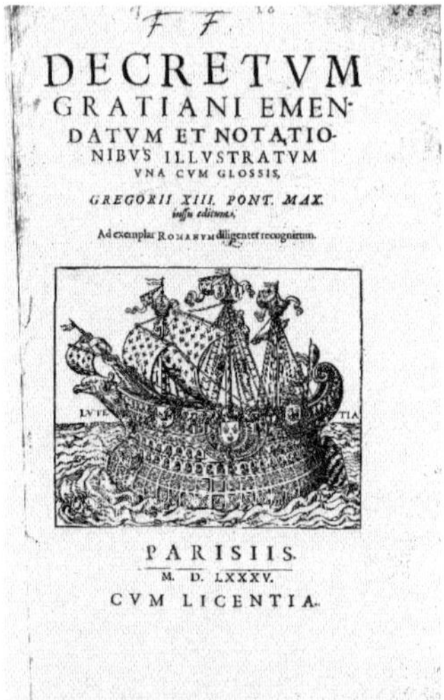

DECRETVM GRATIANI EMENDATVM ET NOTATIONIBVS ILLVSTRATVM VNA CVM GLOSSIS,

GREGORII XIII. PONT. MAX. iussu editum.

Ad exemplar ROMANVM diligenter recognitum.

PARISIIS.

M. D. LXXXV.

CVM LICENTIA.

그라시아노 법령집

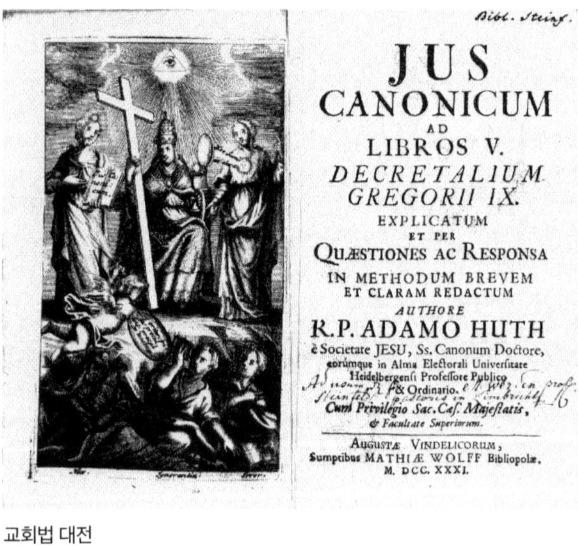

JUS CANONICUM AD LIBROS V. DECRETALIUM GREGORII IX. EXPLICATUM ET PER QUÆSTIONES AC RESPONSA IN METHODUM BREVEM ET CLARAM REDACTUM

AUTHORE R.P. ADAMO HUTH è Societate JESU, Ss. Canonum Doctore, eorúmque in Alma Electorali Universitate Heidelbergensi Professore Publico & Ordinario.

Cum Privilegio Sac. Cæs. Majestatis, & Facultate Superiorum.

AUGUSTÆ VINDELICORUM, Sumptibus MATHIÆ WOLFF Bibliopolæ, M. DCC. XXXI.

교회법 대전

문으로 정착하였다. 유럽에서는 15세기까지 교회법 대전(Jus Canonicum)이라고 부르는 6편의 법전들이 편찬되었는데, 이 법전들은 유럽 국가들이 중앙집권적 통치 조직을 구축하는 과정에 영향을 주었다.

중세 유럽 사회에서 혼인이나 상속과 같이 현세의 영역으로 인식되던 문제들이 점차 교회법의 기준으로 규율되면서, 교회법의 사회적 영향이 확대되었다. 이러한 현상은 당시 유럽에서 종교가 가지고 있던 권위와 위상을 설명하는 것이기도 하다. 당시 유럽 국가에서 교회는 신앙심을 가진 사람들이 모이는 종교적 구심점 이상의 의미로 기독교 국가들을 하나의 기준으로 통치하는 절대적인 주권자였으며, 교회법은 단순히 신도를 지도하는 수준의 기준이 아니었다. 교회법은 유럽 사회에 재판관할권을 행사할 수 있었는데, 독일의 경우 성직자 등을 대상으로 하는 문제들을 포함하여 일반 시민들의 영역이었던 교육, 자선, 선서, 혼인에 관한 문제에도 교회가 관할권을 행사하였다. 법원은 교회법을 적용하여 사건을 판단하였으며, 교황 법원이 최고법원이 되었다.

그러나 중세 말에는 교황의 교령이 유럽 사회 전반에서 가지는 한계가 드러나기 시작하였다. 트리엔트공의회

(1545-1563)에서는 이를 극복하기 위하여 '개혁에 관한 법령'을 제정하였는데, 이것이 교회법 발전의 기반이 되었다. 근대 유럽 사회는 국가중심주의를 바탕으로 재편되었고 이에 따라 국가법이 발전하면서 교회법도 개정이 필요하였다. 1917년 가톨릭교회법전(Codex juris canonici)이 공포되어 교회법의 근대화가 실현되었고, 1983년에 현행 교회법전이 공포되었다. 교회법이 시대와 사회의 변화에 맞추어 변화하는 모습의 대표적 사례는 부활 신앙에 근거하여 매장 방식의 장례를 관행으로 하였던 가톨릭에서 여러 사회적 필요를 반영하여 화장 장례 방식을 허용하는 것이다.

교회법의 원칙은 로마법 원칙 등과 함께 유럽법의 전통을 아우르는 축이 되었다. 유럽 사회 일반에서 교회법의 원칙을 채용하여 시민법 발전에도 영향을 주었는데, 유럽에서 활용되는 민사소송법 제도는 교회법의 소송절차법에서 기원하였으며, 일반 시민들에게 적용되는 사법 분야에서 혼인장애와 무효, 혼인 거행의 형식, 일부일처제, 비밀혼의 금지, 근친혼 금지, 별거, 촌수 계산과 관련된 기준들이 교회법 원칙을 바탕으로 정립된 사례이다. 또한 교회법은 국가조직의 기틀과 현대 헌법의 토대를 제공해 주었다. 삼권분립의 원칙과 무죄추정의 원칙, '일정한 사실이 없었던 것과 같은 원래 법률상의 상태를 만든다'로 요약되는 원상회복, 기득권의 보호, 다수결의 원리, 불법행위의 금지, 형법상 '긴급피난' 개념 등의 형성과 발전에 교회법이 일부 역할을 한 것으로 평가된다.

3
근대 프랑스의 나폴레옹 민법전

프랑스 민법전은 나폴레옹 법전이라고도 불리며, 1804년 3월 21일 프랑스인의 민법전(Code Civil des Français)이라는 명칭으로 공포되었다. 나폴레옹은 법률 제정에 직접 관여하여 세부 내용에도 영향을 주었으며, 새로운 민법 초안을 수정하는 국가평의회 회의에도 참여하는 등 적극적인 모습을 보였다. 이는 1789년 프랑스 혁명이 일어난 이후 혼란스러운 프랑스를 안정화하기 위한 통치 수단으로써 민법전을 채택했기 때문으로 볼 수 있다. 당시 통일된 법전이 없었던 프랑스에는 366개 이상의 지역 법이 존재하였으며, 프랑스 북쪽 지역은 심지어 게르만족 관습법을 따르거나, 이탈리아와 인접한 곳은 로마법을 따르는 상황이었다. 또

CODE CIVIL

DES

FRANÇAIS.

ÉDITION ORIGINALE ET SEULE OFFICIELLE.

GRAND JUGE ET MINISTRE DE LA JUSTICE.

À PARIS,

DE L'IMPRIMERIE DE LA RÉPUBLIQUE.

AN XII. — 1804.

프랑스인의 민법전

한 프랑스에서는 성직자와 귀족 특권을 인정하는 관습법(Ies coutumes), 성문법(Iedroit ecrit), 교회법(Ie droit canonique) 등이 적용되었다. 이는 법을 제정하는 원칙 혹은 국가의 개념, 심지어 사회 운영 원리의 기반이 되는 원칙들이 다르다는 것을 의미했다.

나폴레옹은 이러한 문제를 인식하고 통합된 사회적 기준을 마련하기 위해서 노력하여 토지 소유 제도의 재편, 시민들의 사유재산 인정, 관습법과 봉건법의 폐지 등으로 국민의 지지를 얻었다. 나폴레옹은 1789년 혁명 이후 15년 동안 4차례에 걸쳐 민법 초안을 작성하게 할 정도로 법제 구축에 관심을 두었다. 제헌의회도 1790년 8월 16일에 법원조직법을 마련하고 1791년 헌법에서 공통된 민법전 제정에 관한 규정을 추가하는 등 나폴레옹을 도와 법제 구축에 노력을 기울였다. 이에 더하여 나폴레옹은 프랑스 대혁명의 3대 이념인 자유, 평등, 박애 정신을 반영하여, '법 앞에서 만인의 평등', '국가의 세속성', '종교의 자유', '경제 활동의 자유', '취업의 자유', '과실책임주의' 등과 같은 근대시민법의 기본 원리를 민법전에 적용하였고, 정치적으로 안정된 상황에 기반하여 사법 체제를 표준화하였다.

나폴레옹은 자신의 회고록에서 자신의 진정한 영광은

나폴레옹

40번 전투에서의 승리한 것이 아니라, 민법전을 제정하였다는 점에 있다고 할 정도로 민법전에 대한 자부심이 컸다. 그는 분열되었던 프랑스의 정치, 경제, 사회를 나폴레옹 법전을 통해 통합시켰고, 동시에 로마법, 관습법, 교회법 등 유럽 사회에 흐르던 여러 법 원칙을 반영하면서 통일 법전을 탄생시키는 업적을 만들었다. 이러한 프랑스 민법전은 근대 유럽 시민사회의 법적 기초를 형성하면서 유럽 전역으로 근대 사상을 전파하는 중요한 역할을 하였다. 개인주의와 자유주의, 평등주의와 같은 정치 및 철학사상, 자유주의와 자본주의 경제사상, 사회계약론과 같은 자연법사상이 나폴레옹 민법전을 매개로 유럽 전역에 전파되었다.

나폴레옹의 민법전이 유럽 전역에 전파될 수 있었던 이유는 당시의 시대적 배경과 관련이 있다. 나폴레옹 전쟁 당시 프랑스 영향권에 있던 많은 국가가 나폴레옹에 의해 프랑스 제국에 편입되었는데, 그는 편입된 나라가 그가 만든 민법전을 사용하도록 하였다. 또한 나폴레옹은 민법전 초안에 기술적 오류와 부정확한 내용이 있을 가능성을 두고 수정할 수 있도록 하면서, 많은 국가에서 프랑스 민법전을 쉽게 채택할 수 있도록 하였다. 나폴레옹의 지배권에 있던 국가들은 프랑스 민법전에 영향을 받았으며, 근대 시민사회의 특성으로 스며들어 각국 법체계의 기초를 형성하였다.

오스트리아(1811년), 네덜란드(1838년), 루마니아(1862년), 이탈리아(1865년), 튀르키예(1869년), 스페인(1889년) 독일(1896년) 등의 국가들이 자국의 민법전을 제정할 당시 프랑스 민법전의 영향을 받았다. 독일 지역(라인 팔츠, 프로이센 라인 지방), 구 베르크 공화국, 바덴 대공국에서는 1900년 일반 민법이 도입되기 전까지 프랑스 민법전을 계속 사용했다. 벨기에와 룩셈부르크, 폴란드, 포르투갈 또한 나폴레옹 법전의 영향을 받거나 이를 채택하였다. 이처럼 나폴레옹 법전은 러시아와 스칸디나비아 국가를 제외한 현대 유럽 대륙 국가 대부분의 민법 체계에 영향을 주었다.

유럽 국가들이 프랑스 민법전을 그대로 자국의 민법전으로 활용했다고 볼 수는 없지만 로마법, 교회법, 관습법 등이 프랑스 민법전의 뿌리가 되었다는 점, 이러한 프랑스 민법전이 유럽 국가들의 법 제정 과정에서 영향을 주었다는 점은 사실이다. 예를 들어, 네덜란드 민법전은 제정할 당시 프랑스 민법전에서 구체화 된 교회법과 관습법에서 유래한 상속 기준과 부부재산법에 관한 내용, 로마법에서 기원한 소유권, 재산법, 용익물권, 예속권 내용이 반영되었다. 또한 네덜란드 민법전에는 프랑스 대혁명에서 유래된 이념들을 쉽게 찾아볼 수 있다.

나폴레옹은 프랑스를 넘어 유럽 여러 국가에 자유주의 이념을 전파하고 민족주의를 고취시켰다. 프랑스 민법전은 프랑스 혁명이라는 중요한 역사적 사건을 거치면서 탄생한 역사적 타협의 산물이며, 19세기 프랑스 자본주의 사회에 법치주의를 가져왔다. 또한 유럽 국가들이 프랑스 민법전을 채택하거나 자국 법제 제정에 활용하여 유럽 전역에서 민법전의 발전이 있었다. 현대 유럽 국가들의 민법은 많은 개정이 이루어져 비록 프랑스 민법전의 의미는 많이 퇴색되었으나, 유럽 통합의 과정에서 같은 법적 뿌리를 두었다는 점은 중요한 의미가 있다.

제2장

유럽 식민제국주의 경쟁과 로마법 원칙

1. Uti possidetis 원칙의 기원과 근대 유럽 국제법의 수용
2. 아메리카 대륙에서의 식민제국주의 경쟁과 영토 관련 조약들
3. 유럽 식민제국주의 조약의 Uti possidetis 원칙
4. 근대와 현대의 국제법에서 활용된 Uti possidetis 원칙

5세기부터 스페인과 포르투갈이 아메리카 대륙으로 식민지를 확장하면서, 유럽 전체에 식민제국주의가 팽창하는 계기가 마련되었다. 양국은 식민지 경쟁 속에서 식민지 경계를 조약으로 확정하였는데, 이러한 조약은 기존의 질서를 반영하였으므로 로마법의 Uti possidetis 원칙을 활용하였다고 이해할 수 있다. 사적 문제에 적용하던 이 로마법 원칙의 핵심은 '기존의 현상을 존중한다'인데, 영토 문제에 적용하면서 대상 지역을 실효적으로 점유하는 국가가 관할권을 행사할 수 있다는 국제법의 의미로 확장되었다. 이 원칙은 유럽 식민제국주의 시대에 국제관습법으로 편입되어 아메리카 대륙 국가들이 독립하면서 국경선을 확정하는 과정에서도 활용되었다. 세계대전 이후 아프리카 대륙의 독립 국가들도 자신들의 영토경계선을 정하기 위해서 이 원칙을 활용하였고, 최근 국제사회의 관련 분쟁을 해결하는 과정에서도 이 원칙이 활용되고 있다.

1

Uti possidetis 원칙의 기원과 근대 유럽 국제법의 수용

Uti possidetis 원칙은 현상유지(Status quo)의 철학에 기반한 고대 로마법의 '특시명령(Interdictum)'이라는 제도에서 유래하였다. 이 제도의 핵심은 부동산 소유권을 다투는 사건에서, 질서유지를 담당하는 법무관(Praetor)이 점유를 침해하는 자에게 침해 금지와 함께 원상회복을 명령하는 것이다. 당시에는 소유권에 대한 다툼이 있으면 법무관이 분쟁이 진행되는 동안에 점유자에게 점유권을 인정하는 실무적 관행이 있었다. 로마법에 등장하는 'Uti possidetis, ita possideatis'라는 말은, '그대들이 점유하는 (또는 점유하고 있으므로), 그대로 점유하라(as you possess, so may you possess)'라는 의미이다.

당시 이러한 명령은 최종적인 판결이 내려지기 전까지 실질적인 점유자의 권리를 잠정적으로 인정하는 것이며, 최종적인 권리를 부여하는 것이 아니라 현재 상태를 방해하는 행위를 금지하는 것이다. 그러나 실무에서는 점유하지 않는 자에게 점유자의 정당한 권리 없음을 증명하도록 했기 때문에, 이러한 제도가 현실적으로 소송에서 점유자에게 유리하게 작용하면서 법적 평화를 유지하는 중요한 도구로 활용되었다. 이 로마법 원칙은 유스티니아누스 법전(Codex Justinianus, The Code of Justinian)이 제정되면서 사라졌으나, 여러 해석으로 변환되면서 유럽법 전반에 스며들었다.

근대 유럽에서 사회적 기준들이 빠르게 공유되면서 Uti possidetis 원칙이 다시 등장하였다. 17세기에 들어 '국제법의 아버지'로 알려진 흐로티위스(Hugo Grotius)는, 어업 활동도 항행의 자유에 포함되고 개인이 사적인 목적으로 바다에 울타리를 설치하는 것은 범죄가 아니라고 주장하면서 이러한 목적으로 바다를 사용하는 개인의 권리를 보호하기 위하여 이 원칙을 활용하였다. 국제적 문제에 관한 이러한 그의 해석이 Uti possidetis 원칙을 자연스럽게 국제법 분야에 적용될 가능성을 만들었다.

일반적으로 어느 사회나 공동체를 유지하고 구성원이

재산을 안정적으로 소유할 수 있도록 보장하는 질서가 존재한다. 이를 국제 공동체에 적용한다면, 국제사회가 주권국의 독립성을 보장하고 무력의 사용을 금지하여 기존 평화를 유지하려는 질서가 존중된다고 이해할 수 있다. 이를 영토문제에 적용하면, 대상 지역을 실효적으로 점유하는 국가가 원칙적으로 권리를 행사할 수 있다는 의미가 된다. 기존의 현상 유지를 존중하는 로마법의 Uti possidetis 원칙이 국제법 분야에도 영향을 준 것이다.

당시 유럽에서는 무력 사용과 정복이 합법이고 전쟁도 많았으므로 Uti possidetis 원칙이 활용될 여지도 많았다. 17세기 유럽 국가들은 대체로 영토에 관련된 권리를 실질적으로 지배하는 국가가 가지는 것으로 생각하였고, 전쟁의 발생(Status quo ante bellum) 또는 종료(Status quo post bellum) 시점의 실질적 점유를 기준으로 국가의 관할권이나 경계선을 설정하는 조약을 체결하게 되었다. 당시 체결된 조약들이 Uti possidetis라는 용어를 명시하지는 않았지만, 그들의 보편적인 생각이 조약에 반영된 것이었다. 점차 유럽 국가들은 이 로마법의 원칙을 국제법의 원칙으로 받아들였다.

2
아메리카 대륙에서의 식민제국주의 경쟁과 영토 관련 조약들

스페인과 포르투갈은 일찍부터 안정된 통일 왕국으로서 동방무역을 시도하면서 아라비아와 아프리카를 유럽으로 연결하고, 발전된 항해 기술로 대서양 건너 '신대륙' 아메리카에 접근하였다. 이러한 상황은 자연스럽게 식민제국주의의 확산으로 이어졌다. 스페인과 포르투갈에서 시작된 이러한 식민제국주의는 네덜란드, 영국, 프랑스 등 유럽의 많은 국가로 전파되었다. 근대에 이르러서는 독일, 러시아, 미국 등 비교적 신흥 국가도 식민지를 만들고 유지하기 위한 경쟁에 뛰어들었고, 이로 인해 아프리카와 아시아에서는 식민지 전쟁이 끊이지 않았다.

식민지 경쟁을 시작한 스페인과 포르투갈은 1493년 교황의 칙서(Papal Bull, Inter Caetera)에 근거하여 식민지 경계선을 정하려고 1494년 토르데시야스조약(Treaty of Tordesillas)을 체결하였다. 이 조약을 통해서 아프리카 카보베르데(Cabo Verde) 제도에서 370레구아(Légua, League) 거리의 지점에 남북으로 가상선을 설정하였고, 이를 기준으로 아메리카 대륙을 양국의 식민지로 나누었다. 1레구아는 약 4.8킬로미터(3마일) 정도이므로, 기준점으로부터 370레구아는 1,900킬로미터 거리의 서경 46도 지점이 된다. 양국은 이 조약으로 남아메리카 대륙의 아마존강과 라플라타강을 기준으로 현재 브라질 지역과 그 이외의 지역으로 구분하여 식민지 경계를 설정한 셈이다.

토르데시야스조약은 유럽에서 교황권이 세속적인 권력으로 전환되고 근대 식민제국주의가 출현하는 배경이 되었다. 식민지 영토의 경계선 설정은 이후 유럽 식민제국주의와 문화 및 언어의 경계선에도 영향을 주었다. 스페인과 포르투갈은 새로운 조약으로 식민지 논제와 관련하여 새롭게 약속하기도 하였는데, 1580년 양국의 합병으로 식민지들도 통합되었다. 스페인이 식민지의 금광과 내륙의 적극적인 개척을 위하여 포르투갈의 식민지 확대를 장려하면서 내륙까지 식민지의 범위가 확장되었다. 1640년 다시 양국이 분리되면서 다시 식민지 확대를 위한 경쟁이 시작되었다.

아메리카 대륙에서 이베리아 국가의 경쟁이 진행되면서, 다른 유럽 국가도 여기에 참여하였다. 프랑스는 16세기부터 18세기까지 세 차례 브라질 지역을 침입하였고, 네덜란드도 1624년부터 서인도회사를 설립하여 두 차례 브라질의 사탕수수 생산 지역을 점령하였다. 1701년에는 스페인의 왕위 계승 문제를 두고 유럽 국가들이 스페인-프랑스 동맹과 네덜란드-오스트리아-영국 동맹으로 양분되어 이들 사이에 전쟁이 있었다. 이 상황에서 포르투갈이 영국 동맹에 가담하자, 스페인-프랑스 동맹은 브라질의 리우데자네이루를 침략하였다.

전쟁의 결과 1713년과 1715년에 위트레흐트조약들(Treaties of Utrecht)이 체결되어 프랑스와 스페인은 포르투갈에 식민지의 상당 부분을 반환하였지만, 아메리카 대륙 식민지 경쟁은 계속되었다. 다시 스페인과 포르투갈은 1750년 마드리드조약(Treaty of Madrid)으로 갈등을 해결하려고 하였으나 1761년 체결된 엘파르도조약(Treaty of El Pardo)으로 무효화 되었다. 불명확해진 식민지 경계를 두고 다시 양국의 충돌이 발생하였는데, 영국과 프랑스의 중재로 1777년 양국은 산투일데폰소조약(Treaty of Santo Ildefonso)을 체결하여, 분쟁을 마무리하고 1750년 마드리드조약의 내용을 준수하기로 약속하였다.

1801년 프랑스 나폴레옹의 지원을 받은 스페인이 이른바 '오렌지 전쟁(Guerra das Laranjas, War of the Oranges)'을 시작하여, 같은 해 스페인-프랑스-포르투갈 사이에 기존 조약을 파기하는 바다호스조약(Treaty of Badajos)이 체결되었다. 이 조약은 스페인과 포르투갈의 영토 반환, 포르투갈 지배 항에서 영국 선박의 입출항 금지, 영국 선박으로 인한 손해의 배상, 프랑스의 브라질 일부 지역 접수, 브라질과 프랑스령 가이아나 국경 확정 등을 명시하였다. 1801년 포르투갈과 프랑스는 신 마드리드조약을 체결하여 바다호스조약의 이행을 약속하였으나, 곧 포르투갈은 브라질로 왕실까지 천도하며 전쟁을 수행하였다. 이 브라질 지역은 1822년 포르투갈로부터 독립하였다.

3
유럽 식민제국주의 조약의 Uti possidetis 원칙

스페인과 포르투갈은 아메리카 대륙에서 식민제국주의를 확대하며 경쟁하였고, 국제법 원칙이 발전하는 기회를 제공하였다. 유럽 국가는 '식민지 개척'에 Uti possidetis 원칙을 활용하여 국제법상 발견(Discovery)이나 선점(Occupation)이라는 개념으로 영토 점유를 정당화하였다. 스페인과 포르투갈 사이에 식민지 영토에 관한 사건들에서도 이러한 모습을 발견할 수 있다. 양국 식민지 경계 확정을 위한 토르데시야스조약의 체결, 양국의 합병으로 인한 식민지의 통합, 포르투갈의 왕정복고에 의한 식민지 영토의 분리, 그리고 네덜란드 등의 진출과 스페인의 왕위 계승 전쟁으로 이어지는 과정에서 체결된 조약들도 당시의 점유 상황을 존중하였다.

스페인과 포르투갈이 1750년 식민지 경계를 획정하기 위하여 체결한 마드리드조약은 그러한 모습을 보여주는 대표적인 사례이다. 이 조약에서 양국은 식민지 경계를 당시의 지배 상태를 반영하여 설정하였는데, 이것은 로마법의 Uti possidetis 원칙이 국제법 분야에도 적용된 것으로 이해할 수 있다. 이 조약에 나타난 식민지 경계선 확정의 기준은, 현실적으로 고착된 양국의 점유 상태였다. 이러한 기준은 이미 '구축된 질서'를 가능하면 인정하고 받아들이는 자세에서 기인한 것이다.

이 조약 제2조와 제3조는 포르투갈이 토르데시야스조약이 정한 필리핀 등에 대한 영유권을 사라고사조약에 따라 스페인에 양보하고, 스페인은 아메리카 대륙의 마투그로수(Mato Grosso) 지역을 포르투갈의 식민지로 존중하는 원칙을 규정하였다. 이 조약 제15조는 브라질 콜로니아 지역을 스페인에 귀속시키고 이 지역의 포병과 화약 등을 포르투갈에 할양하며, 거주민들이 포르투갈의 다른 지역으로 이동하는 것을 보장하였다. 제18조는 국경에 접한 강에 대해서 공동관할권을 부여하면서도, 양쪽 상변이 모두 하나의 국가에 속하면 그 국가에 독점적인 항해권을 인정하였다.

양국은 이 조약의 대상이 아닌 다른 지역에서 양측의 전쟁이 있거나 조항의 내용에 반하는 상황이 발생하더라도 이 조약은 준수될 것이라고도 약속하였다. 이들이 조약의 안정성을 원했다는 사실은 여러 다른 조항에서도 확인할 수 있는데, 제22조는 양국이 공동 영역에 대한 영구적인 규정은 변경이 불가하며, 두 왕국의 상속인과 후계자에 의해서도 그대로 유지된다고 규정하였다. 제25조는 양국에 외부의 침공이나 내부의 반란이 있으면, 조약 상대국에 평화 유지를 위한 도움을 제공할 것을 명시하였다.

스페인과 포르투갈은 이 조약으로 당시 현실적 상황을 반영하여 현재 브라질 남부인 반다오리엔탈 지역을 기준으로 식민지 경계선을 확정하였다. 이 조약처럼 양국이 체결한 조약에서 식민지 경계선 확정은 현실적으로 고착된 양국의 점유 상태를 존중하는 것이었다. 양국이 식민지 영토에 관하여 체결한 일련의 조약들은 Uti possidetis라는 용어를 명시적으로 사용하지는 않았지만, 이와 같은 국제법의 원칙을 조약의 협상 결과와 조화시켜서 반영하였다. 나아가 이러한 조약들이 반복적으로 체결되었다는 점을 통해서 양국이 이 원칙을 국제관습법의 수준으로 인식하였다고 평가할 수 있다.

4
근대와 현대의 국제법에서 활용된 Uti possidetis 원칙

유럽 식민제국주의 영토 확장의 과정에서 활용되었던 Uti possidetis 원칙은 근대 이후로 보편적인 국제법상 원칙으로서 자리를 잡았다. 미국 외교관 헨리 휘튼(Henry Wheaton)은 국제법요론(Elements of International Law)이라는 저서에서, 이 원칙의 핵심이 "반대가 없으면 기존 그대로 보존하고, 기존의 점유를 변경하도록 특별히 정하지 않으면 그 상태가 유지되는 것"이라고 설명하였다. 그는 이 원칙을 영토 쟁탈의 경우로 확대하였는데, 유럽을 넘어서 식민지를 개척하던 서구 열강들이 이 원칙을 자신들의 정당화 근거로 보았다고 해석할 수 있다.

스페인과 포르투갈의 식민지였던 라틴아메리카 지역들

헨리 휘튼

이 독립하면서 새로운 국경선을 획정하는 문제가 발생하였다. 이 라틴아메리카 신생국들은 대체로 Uti possidetis 원칙을 적용하여 독립국이 국가승계(Succession of states)를 하면서 과거 식민지의 경계선을 승계한다고 해석하여, 이전의 식민지 경계선을 자신들의 국경선으로 적용하였다. 신생국들이 자신들의 국경선을 정하는 과정에서 이 원칙을 적용한 것은, 독립 과정에서 이 지역이 무주지가 되어 새로운 식민 지배의 상태에 놓이거나 그들 사이에 국경분쟁이 발생하는 것을 방지하려는 의도가 있었다. 그래서 이 시기의

Uti possidetis 원칙은 이전의 식민종주국이 식민지를 복수의 행정구역으로 나누어 통치하였다면, 식민지로부터 독립한 국가들도 그러한 행정구역 경계를 독립하는 국가의 경계로 삼는다는 것으로 해석되었다. 또한 독립하는 국가가 영토 조약 등으로 확실하게 국경을 정하지 않았다면, 과거 식민지 시대의 기준에 따라서 새로운 경계선을 정한다는 의미이기도 했다.

세계대전 이후에도 Uti possidetis 원칙을 기반으로 현실적 질서를 존중하여 분쟁을 방지한다는 국제법의 원칙이 정립되었다. 특히 아프리카 신생국들은 자신들의 국경을 정하는 과정에서 이 원칙을 인정하였다. 물론 식민제국주의를 정당화하는 이 원칙이 현대사회에서도 일반화되면 곤란하다는 비판도 있었고, 이 원칙이 민족자결주의(Principle of Self-Determination) 원칙과 경합하기도 하였다. 이 원칙이 당시 신생국들의 자결권을 주장하는 기초가 되면서 국제법의 일반원칙으로 인정되었다고 주장하는 견해도 있다.

국제사회의 여러 사례에서도 Uti possidetis 원칙이 활용되었다. 1964년 아프리카단결기구(Organiztion of African Unity, OAU)는 카이로 정상회의에서 '모든 회원국은 독립을 달성할 당시의 국경선을 존중할 것을 약속한다'고 선언하며

©High source, Wikimedia

남아메리카 국경선

이 원칙을 받아들였다. 국제사법재판소(International Court of Justice, ICJ)는 1986년 부르키나파소-말리 사이의 국경분쟁, 1992년 온두라스-엘살바도르의 영토분쟁, 그리고 1990년대에는 사회주의 동유럽 국가의 분리 독립 과정에서도 이 원칙을 적용하였고, 2005년 베냉-니제르 분쟁과 2007년 니카라과-온두라스의 분쟁에서도 이 원칙을 검토하였다.

로마법에서 유래한 Uti possidetis 원칙은 유럽의 분쟁이나 식민제국주의에서 활용되었고, 근대와 현대사회의 국제법 사례에서도 활용되고 있다. 그러나 이 원칙이 기존 실서의 보호에만 치중하였다거나 식민제국주의를 정당화하는 것이라는 비판도 있으며, 완벽한 해결책은 될 수 없다는 한계도 내포하고 있다. 이 원칙을 적용하려면 권원의 기초가 되는 문서와 과거에 법적 권원을 어떻게 해석·적용하였는지도 자세히 고려해야 하고, 조약이나 당사자들의 합의로 이 원칙을 변경할 수도 있다는 점도 인식해야 한다.

제3장

유럽 식민제국주의와 원주민 관련 법제

1. 스페인의 아메리카 식민 지배와 원주민 취급에 대한 논쟁 그리고 법제화
2. 바야돌리드 논쟁
3. 식민지와 원주민에 관한 법전들의 편찬
4. 식민지와 원주민 법제에 대한 평가

유럽 국가들이 아메리카 대륙을 식민지로 삼기 시작하면서, 원주민의 언어, 종교, 역사, 문화를 파괴하였고, 이익이 될 만한 재산, 토지, 노동력 등을 착취하였다. 그러나 일부 유럽인들은 피지배 계층으로 전락한 원주민들을 어떻게 취급할 것인지 고민하기 시작하였는데, 바야돌리드 논쟁(Valladolid debate)은 당시 스페인과 라틴아메리카의 관계 및 원주민의 처우에 관하여 확인하고 이들에 대한 유럽의 인식을 바꾸는 계기가 되었다. 스페인은 원주민에 대한 인식과 규율을 위한 법제를 구축하고자 하였는데, 원주민 법률 합본인 스페인의 원주민 제도에 관한 법전(Recopilación de Leyes de las Indias)(1680)의 제정이 대표적인 사례이다. 이 법전은 명목상 원주민을 보호하고 인권을 보장하기 위한 것이었으나, 식민지에서는 제대로 준수되지 못하였기 때문에 원주민이 법의 보호를 받지 못하고 사회적 약자로 남았다.

1
스페인의 아메리카 식민 지배와 원주민 취급에 대한 논쟁 그리고 법제화

'신대륙 발견자'인 콜럼버스(크리스토발 콜론, Christopher Columbus or Cristóbal Colón)가 1492년 아메리카 대륙으로 항해를 위해서 떠나기 전에도 스페인에는 원주민 관련법이 존재하였다. 당시 스페인의 원주민 법은 그들이 지배하고 있었던 아프리카 연안의 섬들이나 카나리아 제도의 상황을 반영하였다. 이후 아메리카 원주민이 그들의 노예가 되면서 원주민 개념도 확장되었다. 스페인은 '위탁' 또는 '위임'이라는 의미의 엔코미엔다(Encomienda) 제도를 기반으로 아메리카 대륙의 식민지를 통치하였다. 이 제도는 특정인에게 권한을 위임하여 일정 지역에 대한 통치를 위탁하면서, 이로

콜럼버스

인한 이익을 본국에 보내도록 하는 구조를 가졌다. 이러한 통치는 원주민을 보호하고 스페인어와 가톨릭을 전파하는 책임까지 포함하는 것이었는데, 원주민에 관한 법은 이러한 식민지의 특성을 반영하면서 관습법과 공존하였다.

그러나 이러한 스페인의 식민지 통치 방식은 점차 원주민을 억압하는 도구로 변질되어 원주민의 반란을 낳았는데, 스페인 내부에서는 이러한 사건에 비판과 성찰이 있었다. 안토니오 데 몬테시노스(Antonido de Montesinos)는 원주민을 옹호하는 일에 선구자적 역할을 하였으며, 스페인 왕실은 그를 프란시스 수도사 알론소 에스피나르(Alonso Espinar)와 논쟁하게 하였다. 그 결과 1512년의 부르고스 법(Leyes de Burgos)이 제정되어 스페인 정착민과 원주민 사이를 규제하는 내용을 담았다. 이 법은 엔코미엔다 제도에서 통치자의 책임을 강화하여 원주민들에 대한 폭력 등을 금지하였으며, 스페인 정착민 주변에 원주민이 마을을 세우고 의식주를 해결하며 종교적 가르침도 받을 수 있도록 하는 내용을 규정하였다.

그러나 스페인의 원주민에 관한 논쟁과 그 결과로 제정된 법이 원주민들의 삶을 크게 개선하지는 못했다. 1514년 스페인은 식민 지배를 처음으로 정당화한 선언문(Menifesto)

과 통고문(Requermiento)을 공표하여, 교황권의 우월성을 강조하고 식민지의 원주민들이 스페인 왕실의 권위에 복종해야 한다는 의무를 담았다. 나아가 이 선언문은 원주민들이 권위에 복종하지 않고 생활 터전을 스페인에 양도하지 않는다면 전쟁을 통하여 그들을 노예로 삼는 것이 정당하다는 논리를 내세웠다.

원주민의 인권 보호를 주장하였던 스페인 도미니크 수도회 소속의 라스 카사스(Bartolomé de las Casas) 주교는, '서인도 제도의 파괴에 관한 약식 보고서(Brevísima relación de la destrucción de las Indias)'를 작성하여 원주민의 비참한 현실을 국왕에게 진하였다. 국왕인 카를로스 5세(Carlos V)와 서인도 위원회는 1542년 신법(Las Nuevas Leyes)을 공포하여 원주민의 노예화를 금지하며 원주민을 보호하려고 하였다. 신법은 원주민에 대한 강제 노동을 금지하면서 정당한 대가의 지급을 조건으로 노동을 요구할 수 있도록 하였고, 이전의 부르고스법보다 세밀하게 원주민 학대와 착취를 규제하였다.

스페인은 본토와 식민지를 아우르며 통합하려고 하였고, 법제화를 통해서 본토의 백성과 원주민을 모두 왕의 신민이 되도록 하였다. 그러나 원주민과 왕권의 보호를 동시에 의도했던 신법은 궁정의 목사였던 후안 히네스 데 세풀베다(Juan Ginés de Sepúlveda) 등 내부의 반대로 완전히 시행되지 못하였다. 그는 1547년 Democrates secundus라는 저서에서 아리스토텔레스의 논리를 빌려 원주민이 열등하고 비이성적 존재이므로 '자연적인 노예(Esclavos por naturaleza)'가 되어야 한다고 주장하였다.

2
바야돌리드 논쟁

라스 카사스는 계속해서 신법의 정신을 강조하였고, 1547년 고해성사 교본(Confesionario)을 작성하였다. 그는 이 교본을 통하여 사제들에게 신법을 어기는 이들의 죄를 사면하지 말라고 하였다. 라스 카사스는 엔코미엔다 제도로 얻은 부와 원주민들에 대한 착취는 잘못된 것이라고 주장하였고, 아메리카 정복이나 지배에 대한 정당성에 의문을 제기하였다. 스페인 왕실은 그 교본을 압수하였으며, 세풀베다는 라스 카사스의 주장에 대해서 아리스토텔레스의 노예론과 정전론을 토대로 아메리카에서 스페인 왕국의 정복을 옹호하였다.

이러한 대립은 원주민에 대한 학자들의 의견 차이, 아

라스 카사스

메리카 정복 자체의 도덕성 문제, 1542년 신법 등을 불이행하는 식민지인의 문제, 고해성사를 거부하는 사제들에 관한 문제들에 관하여 다양한 의견들이 표출되는 계기로 이어졌다. 스페인 본토와 식민지의 통합을 추구하던 국왕인 카를로스 5세는 식민지 통치 제도와 아메리카 원주민의 처우에 관련된 도덕적·이론적 문제를 해결하고 조정하고자 14인의 법학자와 신학자들로 구성된 협의회를 소집하도록 하였다. 이러한 논의가 바야돌리드 논쟁(Valladolid debate)이다.

국왕은 라스 카사스와 세풀베다를 1550년 8월과 1551년 4월 두 차례에 걸쳐 바야돌리드 법원으로 불러 스페인 식민지 개척자들에 의한 원주민의 도덕적 권리와 처우, 원주민의 종교 개종, 노예화에 관한 문제에 관해 의견을 개진하도록 하였다. 라스 카사스는 엔코미엔다 제도가 스페인 지배자들의 이익만을 위해서 악용되고 있다고 지적하였고, 세풀베다는 원주민에 대한 통치권을 위임받은 자들의 의견을 대변하였다. 이 논쟁은 두 사람이 왕에게 개별적으로 의견을 제시하며 서로의 견해에 반박하는 형태로 진행되었다. 이 논쟁은 원주민이 이성적인 존재인가에 대한 논의에서 시작하여, 원주민의 가톨릭 개종 필요성과 노예화의 정당성 그리고 무력의 정당성 등에 관한 의견 대립으로 확장되었다.

국왕이 소집한 협의회 구성원들은 아리스토텔레스(Aristotle)와 아우구스티누스(Augustinus)의 저작에 근거하여 정복과 원주민 탄압을 정당화하는 세풀베다의 의견, 그리고 자신의 저서인 호교론 역사(Apologética Historia)를 바탕으로 세풀베다의 주장을 반박하는 라스 카사스의 의견을 검토하였다. 세풀베다는 원주민이 문자, 기록, 성문법, 화폐도 없는 야만적인 제도와 관습을 가졌으므로 인본주의적 관점에서 노예로 만들어 문명화해야 한다고 주장하였다. 그러나 라스 카사스는 원주민들이 정교한 문자, 언어, 법, 종교, 질서, 통치 능력 등을 가지고 있으며 이성을 가지고 개종의 가능성이 있는 원주민을 야만인으로 낙인찍어 강제성을 부여하는 것은 잘못이라고 지적하였고, 원주민 보호와 신법의 이행 및 엔코미엔다 제도의 철폐를 주장하였다.

양측은 원주민에 대한 스페인 사람들의 행위, 특히 원주민의 종교 개종과 관련된 행위들에 관하여도 다른 입장이었다. 세풀베다는 원주민들의 식인 풍습, 인신 공양, 우상 숭배 등 야만적인 자연법 위반 행위에 대해서 기독교가 처벌해야 한다고 주장하였다. 그는 원주민 모두 이도교이자 적이므로 기독교 선교를 위한 전쟁이 정당하다며, '선 무력, 후 선교' 원칙을 강조하였다. 라스 카사스는 기독교를 접한 적 없는 이교도가 기독교 교리를 모르는 것은 당연한 모습이고, 이에 대한 편견에서 비롯된 폭력과 전쟁은 정당화될 수 없다고 주장하였다. 그는 토마스 아퀴나스(Thomas Aquinas)의 논리를 인용하여 종교적 관습을 잠정적으로 허용하는 유연한 선교를 강조하였다.

바야돌리드 논쟁에서 협의회는 개종의 수단이나 전쟁의 정당성에 관한 정확한 결론을 도출하지 못하였다. 결과적으로 스페인 사회는 원주민들은 착취의 대상이 아닌 인간이라고 인식하기 시작하였으나, 미성숙한 원주민을 우수한 백인이 지도하고 보호해야 한다는 생각도 자리를 잡았다. 결과적으로는 이러한 사고에 기반하여 원주민의 강제 노동이 정당화되면서 스페인과 유럽에 식민주의적 사고가 만연하게 되었다.

3
식민지와 원주민에 관한 법전들의 편찬

바야돌리드 논쟁 이후 스페인은 본토와 식민지의 통합 그리고 식민지 원주민 인권에 대해서 더욱 고려하게 되었다. 스페인 펠리페 2세(Felipe II)가 1573년에 공포한 새로운 발견과 인구에 관한 조례(las Ordenanzas de Nuevos Descubrimientos y Poblaciones)는 원주민에게 신법의 기준이 적용되어야 한다고 강조하였다. 그러나 식민지 지배자들은 신법의 이행에 부정적이었고, '존중하지만 지키지는 않는다(Obedezco pero no cumplo)'는 태도를 고수하였다. 국왕도 그들로부터 세금을 받아야 했으므로 이들의 위법한 행위들에 눈을 감았다.

한편 이러한 법들이 원주민에 대한 '문명화'를 주도하고 가톨릭에 종속시키려고 만들어졌기 때문에, 원주민의 문화와 관습을 무시하고 강제로 스페인 문화와 관습에 맞추려고 변화시키는 목적으로는 적극적으로 활용되었다. 당초 목적과는 다른 방향으로 활용되던 스페인의 식민지 특히 원주민 관련 법제는 변화하였고 꾸준히 축적되었다. 그러나 이러한 법규들이 체계적으로 정리되기까지는 오랜 시간이 필요하였다. 엔시나스의 칙허증(Cedulario de Encinas)은 원주민 의회의 서기장 디에고 데 엔시나스(Diego de Encinas)가 기존의 관련 법규들을 편집한 것으로, 1596년 왕실의 명령에 따라 저자명 없이 4권으로 출판되었다. 모든 조항은 연대순으로 충실하게 필사되었고 주제별로 배열되었다. 이 편집본은 1596년까지 아메리카 식민지에 관하여 제정된 법들을 통합하였고, 사용되지 않거나 명시적으로 폐지된 조항은 생략되었다.

1680년 카를로스 2세(Carlos II)는 식민지 제도 법전(Recopilación de Leyes de las Indias)을 편찬하였는데, 이 법전은 아메리카 식민지 및 원주민에 관련된 가장 중요한 기준들을 제공하였다. 이 법전은 총 9권으로 구성되었으며, 스페인 왕실이 아메리카 식민지에 적용할 목적으로 제정한 다양한 주제의 5,515개의 법령들을 포함하고 있다. 이 법전에 포

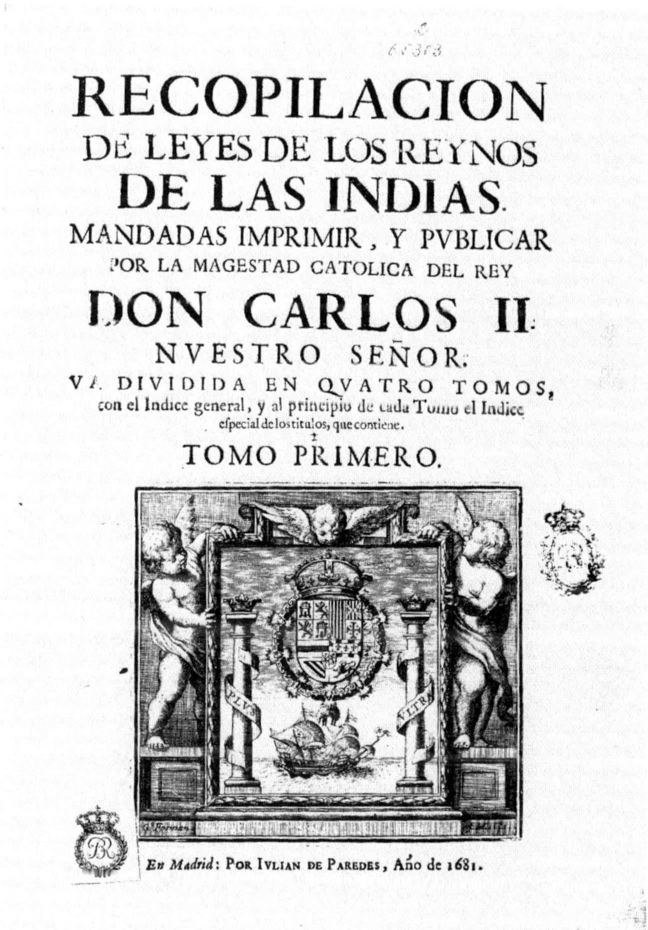

RECOPILACION
DE LEYES DE LOS REYNOS
DE LAS INDIAS.
MANDADAS IMPRIMIR, Y PVBLICAR
POR LA MAGESTAD CATOLICA DEL REY
DON CARLOS II.
NVESTRO SEÑOR:
VA DIVIDIDA EN QVATRO TOMOS,
con el Indice general, y al principio de cada Tomo el Indice
especial de los titulos, que contiene.
TOMO PRIMERO.

En Madrid: Por Ivlian de Paredes, Año de 1681.

스페인의 원주민 제도에 관한 법전

함된 법령 중에서 789개의 법령이 원주민의 생활과 직접적으로 연관되어 있다. 그러한 법령들은 식민지의 행정, 경제, 사법, 교육 등에 관련된 것을 포함하여 원주민의 권리와 자유를 제한하고 법의 사각지대에서 억압하거나 착취하는 데 사용되기도 하였다.

예를 들어, 이 법전의 제4권 12번째 법령인 콤포시시온(Composición)은 국왕에게 일정한 수수료를 제공하면 합법적으로 원주민의 토지를 탈취할 수 있는 제도로 활용되었다. 제6권은 원주민 생활에 관한 여러 법규를 포함하였는데, 특히 엔코미엔다와 레파르티미엔토(Repartimiento) 제도에 관한 규범들은 원주민의 노동력을 착취하고 자유를 제한할 법적 근거를 제공하였다. 분배 또는 할당이라는 의미를 가진 레파르티미엔토(Repartimiento)는, 원주민들이 최소한의 급여만을 받으며 스페인 지주들을 위해서 일하도록 강요한 착취 제도이며 엔코미엔다 제도의 변형으로 이해할 수 있다.

4
식민지와 원주민 법제에 대한 평가

스페인이 아메리카 대륙의 식민 지배 초기부터 본국 사회와의 통합을 고민하고 아메리카 원주민에 대한 처우를 고민하였으며, 이를 반영한 법과 제도를 축적하였다는 점은 큰 의미가 있다. 그러나 현실에서는 원주민에 관한 법과 제도가 제대로 준수되지 않거나, 유럽 출신의 지배자에게 이익이 되는 방향으로만 악용되기도 하였다는 점을 반드시 기억해야 한다. 식민지 지배자들이 착취를 위한 제도를 이용하여 이익을 축적하면서 권력을 남용하는 과정에서, 유럽에서 유래한 여러 사회적 불평등의 역사가 아메리카 대륙에서도 반복되었다.

1550년 바야돌리드 논쟁은 아메리카 원주민에 대한 기존 유럽의 시각을 변화시킨 결정적인 사건이었다. 이 논쟁 이후 스페인은 원주민에 대한 다양한 법제를 제정하면서 원주민을 착취와 학대로부터 보호하고자 하였고, 시간이 흐를수록 원주민에 대한 법제가 축적되어 방대한 분량의 법제들을 정리하는 노력도 있었다. 그러나 이러한 법제의 제정이나 정리가 현실에서는 구체적인 보호장치로 전환되거나 작동하지는 않았다. 결국은 스페인의 아메리카 원주민 관련 법제들은 식민 지배의 과정에서 원주민을 편리하게 취급하는 방향으로만 활용되었다.

식민제국주의는 대항해시대에 다른 유럽 국가들로 전이되었고, 근대에는 대서양, 인도양, 태평양 등을 무대로 아시아-아프리카-아메리카의 여러 지역이 유럽 국가들의 식민지 이익을 목적으로 활용되었다. 식민제국주의는 산업혁명과 자본주의까지 결합하여 더욱 확장되었는데, 이 과정에서도 원주민들에 대한 처우와 인권의 문제는 외면받았다. 유럽에서 프랑스 대혁명과 자유와 평등에 관한 사상이 넘쳐나는 동안에도 식민제국주의는 유럽 사회와 시민들의 자유 및 평등을 위하여 희생되었다. 미국의 독립 전쟁과 노예제도에 관한 남북전쟁이 자유와 평등이라는 사상에 영향을 받기는 하였지만, 그 결과를 얻기까지 많은 시간이 필요하였다.

착취와 약탈의 역사는 많은 아메리카 국가가 독립한 이후에도 계속되어 불평등을 위한 법 제도가 유지되었고, 유럽 국가들은 세계대전이 끝난 이후까지 착취와 약탈을 멈추지 못하면서 현대까지 영향을 주었다. 20세기에 아메리카 국가들은 원주민의 지위를 끌어올리는 법령을 제정하여 이러한 문제가 개선되기도 하였으나, 세부적인 방안이 여전히 마련되지 않아 원주민들은 법의 사각지대에서 고통받으며 불평등은 지속되고 있다. 여전히 이들 국가에서는 식민 지배에서 비롯된 인종적 사회계층이 경제적 불평등으로 고착된 것이 현실이다.

제4장

산업혁명과 자본주의

1. 산업혁명의 시작과 발전
2. 산업혁명에서 자본주의로
3. 영국의 근대 자본주의를 위한 법제: 로이드 법의 사례
4. 유럽 자본시장 법제의 변화

산업혁명은 유럽에서 산업의 기계화 생산을 가능하게 하여 근본적인 경제구조를 변화시켰다. 이렇게 생산된 유럽의 상품들은 식민제국주의 네트워크를 통해 무역의 대상이 되었고, 이를 위한 근대식 자본주의가 발전하였다. 축적된 재화와 부는 금융과 자본시장의 발달로 이어졌으며, 식민지 전체를 묶어 규모의 경제와 성장을 만들었다. 경제 발전을 위한 수단이었던 금융과 자본시장은 그 자체로서 별도의 산업으로 확대되었고, 이를 규율하는 법 제도 역시 세밀하게 발전하였다. 현대사회에서 유럽 통합이 진행되면서 경제의 통합적 규율은 금융과 자본의 통합으로 이어졌으며, 이에 관한 효율적인 규율도 구현되었다. 최근의 금융 위기 등의 상황에 대응하기 위해 유럽의 금융과 자본시장 규율에 관한 여러 시도는 계속되고 있다.

1
산업혁명의 시작과 발전

산업혁명은 영국의 직물 산업과 연관되어 발전하였다. 국가와 사회의 경제를 움직이는 주요한 생산은 1700년대 초반만 하더라도 많은 노동력이 필요한 수공업 방식으로 이루어졌다. 1735년 영국의 와이엇가 만든 방적기는 양모나 면화를 실린더 사이에 넣으면 회전하면서 롤 사이를 통과하여 실을 생산하는 기계였다. 1764년에는 하그리브스가 이전의 방적기보다 개량된 제니 방적기를 만들면서, 방적공들은 실을 생산하기 위해서 바퀴만 돌리는 일만 하면 되었다. 뉴코멘은 1706년 석탄을 태워 증기로 펌프를 작동시키는 방법을 고안하였는데, 1769년 제임스 와드가 이를 획기적인 방식으로 발전시켜 증기기관을 발명하였다. 증기기관은

제임스 와트

카트라이트 방직기

이후에도 효율적으로 개량되었고, 1785년 카트라이트는 증기기관을 활용하여 기계작업으로 천을 짜는 방직기를 개발하였다. 1825년부터는 사람이 작업 과정을 전혀 도울 필요가 없는 자동화된 방적기와 방직기가 보급되었다.

증기기관과 기계의 활용으로 구현된 직물 산업의 자동화는, 노동력을 집중하여 생산하던 기존 방식을 근본적으로 바꾸었다. 방직기가 지속적으로 개선되면서 손으로 실과 천을 짜는 수공업이 사라지고 스스로 생산하는 기계를 관리하는 일이 노동자의 주된 업무가 되었다. 또한 증기기관을 활용하는 방적기나 방직기가 생산 공장에 일반화되어 종래 남자 직공 대신에 상대적으로 임금이 저렴한 여공을 사용하는 방식으로 생산구조가 전환되었다. 따라서 생산성을 높이는 방법이 더 이상 노동력을 많이 확보하는가가 아니라 얼마나 효율적인 기계를 많이 확보할 수 있는가에 영향을 받았다. 기계화된 방직기의 보급은 결국 영국에서 산업적 자본주의를 출현하게 만드는 자극제가 되었다.

증기기관이 면방직과 제련 산업을 포함한 다양한 분야에서 활용되고 고압 증기기관 등이 발명되는 등 기술혁신이 이루어지면서, 인간은 자연이 부여한 제한된 조건과 가능성에서 벗어났다. 1804년 영국은 최초로 철도를 설치하고 증기기관차를 운행하였는데, 이것은 대량 생산된 제품이 대량으로 이동하는 시작점이었다. 또한 생산의 효율성을 추구하는 과정에서 정교한 기계를 만드는 방법이 발전하며 기계를 만드는 공작기계가 사용되었다. 기계가 기계를 만드는 산업의 발전은 인접한 철강 산업과 기계 산업의 성장을 자극하였고, 이러한 여러 산업의 동반 성장이 철도, 운하, 증기선, 도로 등의 발전을 가져왔다. 양모생산을 주요 산업으로 하던 영국은 이전보다 한 단계 높은 수준의 경제로 도약하였다.

19세기에는 영국뿐만 아니라 유럽의 여러 산업 전반으로 증기기관이 보급되어, 당시 경제를 주도하는 광산, 공장, 수송 분야의 지배적인 동력원이 되었다. 19세기 중반의 서유럽은 증기기관과 기계에 의해 움직이는 사회로 변모하였는데, 유럽의 많은 공장에서 기계로 물건을 만들면서 빠른 시간에 대량 생산이 이루어졌으며, 이러한 상황을 바탕으로 유럽 사회의 많은 사람이 이전보다 풍요로운 생활을 누릴 수 있게 되었다. 산업혁명에 의한 교통과 통신 분야의 다양한 발명은 인류의 생활을 더 편리하게, 그리고 다양한 문화의 전달과 공유를 유럽으로 가져왔다.

2

산업혁명에서 자본주의로

산업혁명을 가능하게 했던 방적기나 증기기관과 같은 발명품들은 시장의 확대와 기업의 이윤 추구를 위하여 끊임없이 개량과 혁신을 반복하며 생산되었고, 기계화된 농업기술의 발전과 운송 수단의 발전으로 이어졌다. 기계 생산과 운송의 발전에 이어 전신과 전화에 의한 통신의 혁명도 이루어졌다. 통신의 발전은 여러 산업에 빠르게 활용되어 현대적 산업의 기반이 된 것이다. 유럽 사회에는 부가 축적되고, 인구가 증가하였으며, 자연스럽게 지역들의 교류도 활발하였다. 인간의 손을 대신하는 기계가 발명되면서, 유럽의 정세 및 사회 구조가 급격하게 변화하였다.

이전의 유럽 사회는 각 지역의 농업에 의존하는 경제구

조에 기반하였기 때문에 해당 지역끼리 제도, 정치, 문화를 공유하는 사회적 구조를 유지하게 하였다. 그러나 산업혁명이 유럽 사회를 대량 생산을 기반으로 하는 공업 중심의 경제구조에 의존하도록 변화시키면서 사회적 단위와 구조가 확장되었다. 인구 증가는 생산력을 증가시키고 시장 규모를 확대하였는데, 여러 경제 분야에서 수요와 공급이 원활해지면서 규모의 경제를 구현하고 풍요로움을 유럽 전역으로 전파하였다. 여기에 교통과 통신의 발전으로 지역 사이의 교류가 활발해지면서 지역들이 큰 규모로 통합되는 상황을 낳았다.

한편, 산업혁명은 유럽 사회의 도시화와 인구 집중 현상을 가져왔는데, 도시의 인구 집중은 경제 및 문화의 집중으로 이어졌으며 다양한 도시 및 사회문제의 원인이 되었다. 유럽의 산업혁명으로 다른 대륙의 식민지와 기술, 이민, 문화 등 다양한 교류가 이루어지기도 하였다. 이러한 변화는 식민제국주의와 제도적으로 결합하여 플랜테이션 농업과 금융의 국제적 활동 등이 융합된 근대 유럽형 산업자본주의(Industrial capitalism)가 출현하는 배경이 되었다. 기계와 공장제 공업, 분업과 대량생산은 근대 유럽의 산업자본주의의 특징이 되었으며, 결과적으로 대규모 공장을 보유한 자본가 계층이 사회를 좌우하는 지위를 획득하였다.

자본(Capital)은 더 많은 부를 창출하기 위해서 활용되는 것이었으며, 자본가(Capitalist)는 이익을 얻기 위한 목적으로 자신의 자본을 사업에 투자하는 사람을 의미하였다. 산업혁명의 과정에서 대규모 공장을 경영했던 자본가들은 사업이 성장하고 더 많은 자본이 필요하게 되면서, 주식의 몫을 일반 대중에게 파는 유한회사(Corporation)를 조직하고 다른 자본가들과 연합하였다. 유한회사의 지분을 가지고 있는 주주나 유한회사의 소유주들은 사업을 운영하기 위한 경영인을 고용하면서 소유주인 자본가와 피고용인인 노동자 사이의 관계는 더욱 멀어졌다.

영국을 비롯한 유럽 국가들은 과거 이탈리아의 도시국가들처럼 상인의 이익을 위해 봉사하는 정부를 가졌다. 영국은 무역을 위해 해군력을 강화하였고 군주를 내세워 본국과 식민지의 통일성을 강조하면서도, 의회를 발전시켜 산업의 이익을 보호하기 위하여 노력하였다. 수출입 관세도 인하되었으며 자본주의 경제체제가 국내와 식민지 영역까지 확대되어 19세기 중반에는 경제 중심의 국가체제가 구현되었다. 도시화에 의한 사회문제, 도시 빈민과 식민지 노예에 대한 노동력 착취, 식민제국주의에 의한 침략 전쟁 및 인권

유린 등 유럽 사회의 문제들이 경제적 이익만을 우선하여 사회적 논의에서 배제되었다.

당시 유럽 사회에서는 산업자본주의로 부를 축적한 자본가들이 교육과 문화적 혜택까지 누리게 되면서 귀족계급의 영향력에 버금가는 위치를 차지하는 시민계급(부르주아지)으로 거듭나기도 하였다. 그들은 프랑스 혁명과 나폴레옹의 영향으로 발전한 자유주의 사상을 기반으로 정부가 취한 경제우선주의적 법과 제도의 철폐를 요구하였다, 이들은 일반 시민에 대한 사회적 문제들을 교육하고 홍보하였고, 그 결과 문제로 지적된 여러 법과 제도가 점차 폐지되었다. 영국에서는 엘리자베스 도제법의 폐지(1813년), 구제법 개정(1834년), 곡물법 폐지(1846년), 항해조례의 폐지(1849년) 등이 있다.

3

영국의 근대 자본주의를 위한 법제: 로이드 법의 사례

많은 식민지를 보유한 영국은 해상무역을 통하여 이익을 얻으면서 자본주의를 확립하였다. 당시 국제 해상무역은 위험성이 높은 선박에 의존하였고, 선박과 항해 기술이 여전히 바다의 위험성을 극복하기에 어려웠으므로 그 위험을 인수하여 해상 사고가 발생하면 보상하는 보험 투자가 필요하였다. 이러한 이유로 영국에서 해상보험은 중요한 금융의 분야로 취급되었으며, 자본시장의 한 축이 되었다. 해상보험에서 자본시장의 대명사로 발전한 로이드의 명성과 이를 위하여 제정된 로이드 법은 유럽 자본시장에 관한 법제를 설명하는 대표적인 사례로 들 수 있다.

당시 많은 배들이 런던으로 물건을 들여오고 영국에서

생산된 제품을 싣고 나갔는데, 영국은 해상운송업을 크게 발전시키며 경제적 이익을 얻었다. 1688년 에드워드 로이드(Edward Lloyd)는 런던 템스강 선착장 가까운 곳에 커피 가게를 열었는데, 이것이 세계 최대의 보험시장으로 발전한 로이드의 출발점이 되었다. 사람들은 여기에서 해상운송에 관한 정보를 교환하였고, 로이드는 손님들에게 소식을 제공하고자 심부름꾼을 고용하여 선박의 입출항과 사고 소식을 전하도록 하였다. 1696년 창간된 로이드 뉴스(Lloyd's News)라는 신문은 1734년부터 로이드 리스트(Lloyd's List)로 발전하여 오늘날까지 해상운송 정보 제공의 상징이 되었다.

로이드 커피 가게는 런던의 금융 중심지로 이전하고 주인이 바뀌며 1785년에 문을 닫았지만, 여기에 드나들던 보험업자와 중개인들이 새로운 건물을 인수하여 로이드 협회(Lloyd's Society)라는 조합을 설립하였다. 로이드 협회는 보험을 인수할 수 있는 자로 회원 자격을 한정하였고, 1774년 영국 왕립거래소(Royal Exchange) 내부로 이전하면서 자본거래시장으로 변모하였다. 로이드 보험시장은 미국 독립 전쟁, 프랑스 혁명, 나폴레옹 전쟁 등을 겪으며 해상보험시장을 기반으로 다양한 형태의 보험거래가 이루어지는 자본시장의 상징으로 발전하였다.

Advertisements. xvii

LLOYD'S SHIPPING PUBLICATIONS

LLOYD'S LIST
AND
SHIPPING GAZETTE.

Established 1726.

The Leading Daily Shipping Newspaper.
World's Complete Shipping Intelligence.

SPECIAL DAILY MARKET REPORTS, COAL, FUEL, OIL, FREIGHTS, COMMODITIES, MERCANTILE LAW REPORTS, SPECIAL TRADE NEWS.

ANNUAL SUBSCRIPTION £3 18s. 0d. Post Free.

LLOYD'S DAILY INDEX. The only complete publication of its kind. Contains, in alphabetical order, a daily record of the Movements of every Vessel engaged in Oversea Trade.

LLOYD'S LOADING LIST. Contains a complete list of Vessels loading for Coastwise and Foreign Ports, the Ports being arranged alphabetically.

LLOYD'S WEEKLY CASUALTY REPORTS. Contains a complete list of Marine Casualties, Missing and Overdue Vessels, etc., in a form convenient for reference, and handy for binding with copies of LLOYD'S DAILY INDEX.

LLOYD'S LIST WEEKLY SUMMARY. Contains a résumé of the week's Shipping News, together with exclusive lists of Vessels Outward and Homeward bound.

LLOYD'S LIST LAW REPORTS. A weekly Journal containing a full report of the Maritime and Commercial Law Cases which have been heard during the week preceding.

LLOYD'S CALENDAR. Published every November, containing over 700 pages of information of value to all connected with Shipping.

For Rates and Subscription, etc., apply to The Secretary, Lloyd's, Royal Exchange, E.C.3. Telephone—London Wall 3563.

1923년의 로이드 리스트

1871년에는 영국 의회가 로이드 보험시장만을 위한 로이드 법(Lloyd's Act)을 제정하여 로이드 자체에 Cooperation of Lloyd's라고 부르는 법인격을 부여하고, 이 법인격을 가진 독특한 보험시장에 대한 규율을 위한 법적 근거를 제공하였다. 로이드 법은 몇 차례 개정을 통하여 현재도 활용되고 있는데, 영국이 금융서비스시장법을 통한 자본시장의 통합적 규율을 시도하는 과정에서도 로이드에 관한 별도의 조항들을 두어 특별한 취급을 하였다. 작은 커피 가게에서 시작된 로이드 커피 가게는 전 세계 자본거래를 주도하는 보험시장으로 변화하였고, 1986년 런던 뱅크(Bank) 지역의 현대식 건물로 이전하여 여전히 운영되고 있다.

4

유럽 자본시장 법제의 변화

금융산업은 유럽의 자본주의를 발전시키는 수단이었으며, 다양한 자본운용 방식이 개발되면서 정부의 규율과 법제도 역시 다양하게 발전하였다. 이러한 이유로 여러 금융 및 자본시장의 규제는 분야별 특성이 반영된 별도의 입법으로 이루어졌으며, 자본시장에서 활동하는 금융기관과 자본회사들은 분야별 활동마다 별도의 기준들을 적용하였다.

자본주의를 확립하고 식민지 네트워크를 활용하여 국제적 규모로 발전시킨 영국은 현대사회에서도 금융과 자본시장 전체에 대한 규율에 관심이 많았다. 다른 유럽 국가도 시장과 경제의 통합이 평화를 유지하고 위기를 세거할 중요한 수단이라고 믿었고, 여러 단계를 거치며 자본과 금융의 통합적 규제를 위하여 노력하였다. 많은 경제위기를 겪으면서 유럽의 자본과 금융 통합의 과정은 꾸준히 견고해졌고, 국가들의 협력도 강화되었다.

그러나 그동안 유럽의 자본시장을 자처하던 영국은 금융위기동안 영향력을 잃어가는 몇 차례의 사례들을 경험하면서, 금융 분야에 대한 통합적 규제 방법을 과감하게 시도하였다. 브렉시트 이전이었던 2000년에 마련된 영국 금융서비스시장법(Financial Services and Market Act 2000)은, 모든 형태의 금융기관 행위를 감독할 수 있는 단일하고 통일성 있는 법체계를 구축하여 금융업의 형평성을 도모하기 위한 통합금융감독법이다. 영국은 이 법률을 통해서 은행, 증권, 보험, 자산운용 등 금융시장 전체를 일관성 있게 규제하는 단일금융감독법 체계를 구축하였다.

영국 금융서비스시장법은 30개의 장과 430여 개 조항으로 구성되었고, 대부분의 금융 행위 전체에 대한 정부의 통합적인 허가 절차를 규정하였다. 영국의 통합적 금융 규제는 정부에서 권한을 위임받은 독립된 비정부기관인 금융감독청(Financial Services Authority)의 출범으로 이어졌다. 금융 및 자본시장에 대한 통합적 규제는 자본시장에서 유동성과 융통성을 부여하고, 유럽 전체의 자본시장에도 활력을 불어

넣을 수 있었다. 영국이 시도한 이와 같은 통합적 규제 방식은 EU 차원에서 채택하여 유럽 전역으로 확대되었고, 한국과 같은 제3국의 금융 제도에도 영향을 주었다.

그러나 최근 영국은 통합된 금융서비스시장법을 통하여 설립된 기존의 통합금융감독기구 모델을 다시 수정하였다. 금융 규제의 경험과 실패를 분석하여 통합된 금융감독 체계를 과감히 포기하고 이원화된 금융감독 체계를 도입한 것이다. 이러한 모습은 유럽 국가도 마찬가지인데, 특히 금융과 기술이 결합한 형태의 금융테크(Fintech) 분야의 성장과 함께 강력한 규율과 지원을 동시에 수행하려는 조치들이 시행되었다. 이는 EU 차원의 새롭게 등장하는 금융상품에 대한 융통성 있는 대응이었다. 유럽이 혁신적인 금융감독 체계를 시행할 수 있었던 것은, 엄청난 손실이 있었던 금융위기를 겪었기 때문이다. 유럽 자본시장의 관련 법제는 시장의 변화에 따라서 앞으로도 계속 변화할 것이다.

제5장

유럽의 갈등과 분쟁

1. 유럽의 전쟁과 베스트팔렌조약의 의미
2. 영국-프랑스-독일의 갈등과 공존
3. 핀란드와 러시아 사이의 겨울전쟁
4. 영국과 아이슬란드의 어업 분쟁

유럽 내 국가들이 경험한 다양한 갈등과 분쟁은 심각한 물리적 충돌로 이어져 많은 사람을 공포로 몰아넣고 유럽 전체를 파괴하기도 하였다. 그러나 이러한 불행이 역설적으로 법 제도의 변혁을 가져오거나 자유와 평등을 위한 역사적 발전의 계기가 되었다. 유럽은 전쟁으로 베스트팔렌조약을 체결하며 근대 국제법의 시작을 알렸으며, 영국과 프랑스의 갈등은 왕권 강화와 민족주의가 싹트는 계기가 되었다. 많은 갈등과 전쟁을 거치는 동안 유럽은 분열과 통합을 반복하였는데, 결과적으로는 현대 국제사회의 질서를 재편하는 과정에서 새로운 유럽의 모습을 낳는 기회가 되었다.

1
유럽의 전쟁과 베스트팔렌조약의 의미

로마 시대 이후 유럽은 많은 갈등과 전쟁을 경험하였다. 그러한 갈등의 원인은 표면적으로 주로 왕위 계승이나 종교적 견해 등 명분의 차이에 있었으나, 실제로는 무역과 영토에 관한 이해관계의 대립인 경우가 많았다. 예를 들어, 17세기 로마의 가톨릭과 개신교인 프로테스탄트 사이의 갈등으로 시작된 30년 전쟁(1618-1648)은, 많은 국가가 이해관계를 드러내면서 유럽 대륙의 패권 장악을 위한 영토 전쟁으로 변모하였다. 이 전쟁을 정리하기 위해 체결된 베스트팔렌조약(Peace of Westphalia, Westfälischer Friede)은 유럽의 역사와 국제법 분야에서 중요한 위치를 차지한다.

30년 전쟁이 끝나고 평화 조약을 체결하려는 교섭이 시작되었는데, 전쟁에 참여한 국가가 많았던 만큼 이 교섭에 참여한 국가도 많았다. 프랑스, 네덜란드, 스웨덴, 스위스, 로마 교황청, 스페인 등이 각자의 입장을 주장하였고, 독일 측에서는 신성로마제국의 황제 외에도 무려 66개나 되는 공국이 참여하였다. 교섭이 진행되었으나 너무나 많은 의견이 표출되어 합의에 이르기 어려운 상황을 맞이하였다. 결국 유럽 국가들은 30년의 전쟁 이후 조약이 체결되기까지 다시 3년을 기다렸고 그 결과 평화적 교섭과 협상에 의

베스트팔렌조약의 체결

한 조약의 체결이라는 전통을 공유하게 되었다.

30년 전쟁은 신성로마제국 합스부르크 왕조의 유럽 지배를 끝내는 결과를 낳았다. 베스트팔렌조약으로 프랑스는 알자스 지역과 일부 주교령을 얻어 라인강 유역까지 국경을 넓혔고 국가의 영향력도 확대되었다. 스웨덴은 발트해와 북해의 넓은 영토를 차지하였으며, 스위스와 네덜란드는 독립국이 되었다. 이 조약으로 신성로마제국에서 브란덴부르크, 바이에른, 작센 등이 영토를 인정받으며 새로운 강자가 되었고, 프로이센이 등장하였다. 이처럼 베스트팔렌조약은 중부 유럽에 국가 주권 개념에 기반한 질서를 각인하였고, 1806년까지 신성로마제국 헌법의 일부로 인정되었다.

30년 전쟁은 로마 가톨릭교회와 개신교 사이의 대립이라는 종교적 문제를 명분으로 발발했지만, 이후 전개 과정에서 종교보다는 왕조와 국익을 앞세우며 길어진 유럽 국가들의 정치적인 전쟁이었다. 로마 가톨릭교회 국가인 부르봉 왕가의 프랑스가 개신교 국가인 네덜란드를 지원하다가 후반기에는 직접 합스부르크 왕조의 오스트리아 및 스페인 등과 전쟁을 수행했다는 사실에서 이러한 점이 나타난다. 그러나 베스트팔렌조약은 유럽의 종교에 큰 영향을 수 없었다. 조약에 반대하는 의사표시는 무효라고 규정하여 교황이 개입하지 못하도록 하였고, 영주와 다른 종교를 가진 농노도 자신의 종교 행사에 참여할 권리를 인정받았기 때문에, 종교의 자유가 허용되었다. 이것은 결국 유럽의 개신교 국가들이 로마 가톨릭의 영향에서 벗어나게 하였고, 아우크스부르크 종교회의가 승인되어 칼뱅파와 루터파가 동등한 위치를 누리게 되는 결과도 얻었다.

베스트팔렌조약은 로마 가톨릭교회와 신성로마제국의 유럽 지배를 무너뜨리고 새로운 질서를 만드는 기반이 되었다. 유럽 전역을 통제하던 교황과 황제의 권력이 축소되어, 정치가 종교의 영향에서 벗어나 세속화되면서 국가 사이에 작용하는 힘의 균형으로 질서가 유지되는 새로운 체제가 나타난 것이다. 또한 이 조약은 교섭과 협상으로 결과를 얻었다는 점에서 근대적 외교 조약의 효시라고 평가된다. 조약의 내용에서도 황제와 제국(帝國)을 적대하지 않는 범위에서 제후와 도시들이 동맹할 권리를 인정하였는데, 이들에게 영토주권, 외교권, 조약체결권이 인정된 것이다.

2
영국-프랑스-독일의 갈등과 공존

영국-프랑스-독일은 오랫동안 유럽의 강국으로 존재하면서 갈등과 공존을 반복하는 관계를 유지하였다. 영국과 프랑스 사이는 1337년부터 1453년까지 지금의 벨기에와 네덜란드 지역을 포함한 플랑드르 지역에 대한 지배권과 프랑스 왕권을 두고 백년전쟁을 경험하였다. 당시 유럽 인구 3분의 1을 사라지게 한 흑사병(Black death, Pestilence)의 창궐이 있었고, 양국 모두 경제 파탄에 의한 내부적 위험 소요도 많았다. 백년전쟁은 양국의 경제 기반을 무너뜨린 부정적인 면도 있었지만, 정치적으로는 양국의 왕권을 강하하고 민족의식을 제공하는 효과도 있었다. 이와 같은 왕권 상화와 민족주의적 감정은 이후에도 양국의 갈등을 부추기는 원인으로 작용하였다.

17세기에는 영국이 스페인, 포르투갈, 네덜란드 등과 경쟁하면서 해군력을 앞세워 북아메리카를 식민지로 지배하였는데, 1776년 미국의 독립은 영국과 프랑스 모두를 재정적인 위기로 몰아넣었다. 영국은 미국과 독립 전쟁을 수행하면서, 프랑스는 미국의 독립 전쟁을 지원하면서 국가 재정이 파탄에 이르렀다. 이후 프랑스는 1789년 혁명을 겪었고, 나폴레옹(Napoléon bonaparte)의 등장으로 유럽을 제패하며 프랑스 제국을 건설하였다. 나폴레옹은 기존의 유럽을 지배하던 질서를 자유와 평등이라는 사상에 기초한 여러 제도로 바꾸었으나, 영국과의 트라팔가르 해전, 러시아 원정, 워털루 전투에서 패하면서 몰락하였다.

영국은 유럽의 조정자 역할을 하면서 산업혁명과 자본주의를 바탕으로 하는 식민제국주의를 확대하여 근대 유럽의 강자로 군림하였다. 나폴레옹 시대 이후에는 영국과 프랑스 사이에 군사적 충돌이 거의 없었고, 크림전쟁(Crimean war)에서 함께 러시아를 견제하거나 아편전쟁(Opium war)에서는 양국이 연합하여 청나라를 함락시키기도 하였다. 20세기 초반에는 분열을 거듭하던 독일이 통일을 이루고 보불전쟁(Franco-prussian war)에서 승리하며 유럽의 신흥 강대국으로 등장하였는데, 영국과 프랑스는 협력하여 이러한 상황에 대응하였다. 제1차 세계대전 이전까지 유럽 국가들은 내부적으로는 평화를 유지하며 아메리카, 아시아, 아프리카 등에서 식민지 경쟁을 하였으며, 경제와 문화의 발전을 이룬 이른바 벨 에포크(Belle époque) 시대를 경험하였다.

이 시기 유럽은 자본주의와 식민제국주의를 기반으로 여러 표준을 만들며 국제사회에 영향력을 행사하였다. 그러나 유럽의 팽창이 한계에 직면하고 범슬라브주의(Pan-Slavism)와 범게르만주의(Pan Germanism)가 충돌하면서 제1차 세계대전이 발발하였다. 영국과 프랑스는 연합하여 독일 등에 대항하면서 패전국의 식민지를 점령하기도 하였으나, 누적된 제국주의의 모순과 사회진화론의 등장 그리고 다른 문화를 배척하는 풍조 등 유럽 사회의 문제점이 드러났다. 독일에서는 반민주-반공산-반유대주의를 표방하는 나치(Nazis)가 등장하며 제2차 세계대전으로 연결되었다.

제2차 세계대전에서도 영국과 프랑스는 승전국이 되었으나, 산업 기반과 식민지를 상실하고 미국과 소련의 냉전 시대를 따라가는 상황을 맞이하였다. 독일 역시 전쟁의 패배로 오랜 기간 어려움을 겪었으나, 경제적으로 발전을 거듭하며 유럽의 중심국으로 자리 잡았다. 브렉시트 이후 영국이 정치적 차이를 극복하지 못하고 있으나, 프랑스와 독일은 비교적 우호적이고 긴밀한 모습을 보인다. 독일과 프랑스는 1963년에 체결한 엘리제조약(Elysee treaty)을 더욱 강화하기 위하여 2019년 아헨조약(Treaty of Aachen)을 체결하였다.

3
핀란드와 러시아 사이의 겨울전쟁

세계대전 이후에도 유럽은 내부적으로 여러 갈등을 경험하였다. 1939년 시작된 핀란드와 소련 사이의 '겨울전쟁'은 세계대전, 유럽의 통합, 냉전 등이 진행되는 과정에서 발생하여 유럽의 정치 지도에 영향을 주었다. 겨울전쟁은 소련이 막대한 군사력과 병력을 동원하여 핀란드를 공격하였음에도, 핀란드가 지리적 이점과 뛰어난 전투 전략으로 소련의 진격을 어렵게 만들었다는 점에서 의미가 있지만, 오랜 시간이 지나며 결국 핀란드는 소련의 군사력에 굴복하였다.

핀란드는 소련에 많은 영토와 산업 기반을 내주었으나, 소련에 흡수되지는 않았기 때문에 큰 불행을 피할 수는 있었다. 그러나 독일과 소련이 제2차 세계대전을 시작하자,

겨울전쟁 중 핀란드의 모습

핀란드는 겨울전쟁으로 인한 손실을 만회하고자 독일과 연대하여 소련에 대항하였다. '계속전쟁'이라고도 부르는 이 전쟁에서, 핀란드는 다시 소련에 항복하고 회복한 영토를 넘기며 배상금까지 부담하였다. 이 후유증으로 핀란드는 국제사회에서 '친소련형 중립'을 유지하게 되었으나, 발트해의 라트비아, 에스토니아, 리투아니아처럼 소련에 강제로 합병되지는 않았다. 소련 위성국이 아닌 자주독립국 지위를 보존할 수 있었다는 결과만으로 핀란드에 이 전쟁은 의미가 있었다.

이웃 국가인 스웨덴은 이 전쟁에서 핀란드에 도움을 주

었지만 민간 지원에 그쳤다. 스웨덴 정부는 마지막까지 중립을 지켰는데 그 이유는 자국 영토까지 전생터가 될 수 있다는 걱정 때문이었다. 사실 스칸디나비아 지역은 동유럽과 마찬가지로 독일과 소련 사이에 놓였지만, 그나마 전쟁 한복판에 있었던 폴란드와 발트 국가보다는 스칸디나비아의 처지가 나은 편이었다. 소련의 팽창과 냉전 시기에 스칸디나비아 국가들이 독립을 유지할 수 있었던 것은 물리적 거리와 중립 정책에서 기인한다.

핀란드는 소련이라는 강대국으로부터 가까스로 독립을 지켜 내기는 했으나, 약소국이 전쟁의 결과를 감당하기는 쉽지 않았다. 소련은 핀란드 합병을 단념하였지만, 핀란드는 소련의 국익에 반하지 않도록 중립을 지키며 타협하였다. 결국 이 전쟁은 핀란드 외교 정책에도 영향을 주어, 냉전 시대 핀란드가 소련과의 마찰을 피하며 서방과 일정한 거리를 두고 친소적 중립을 유지하는 '핀란드화(Finlandization) 정책'을 취하도록 만들었다. 핀란드는 북대서양조약기구(North Atlantic Treaty Organization, NATO)에 가입하지 않았으나 소련의 내정간섭에 시달려야 했다. 핀란드는 소련 붕괴 후에도 NATO에 가입하지 않는 핀란드화 정책을 유지하였으나, 최근 러시아의 크림반도 합병과 전쟁을 지켜보며 중립을 포기하고 2022년 NATO에 가입하였다.

핀란드는 친소 정책을 시행하면서도 중립국 위치를 유지하여 소련의 위성국으로 전락하지는 않았으나, 경제적으로는 냉전 시기 주요 무역상대국이 소련일 만큼 의존도가 심했다. 소련도 핀란드가 자국의 외교 방침에 반하지 않았고, 서방의 반발과 제재를 우려하여 무력으로 핀란드를 합병하지 않았다. 이런 국제 관계의 구도 덕분에 핀란드는 1970년대 오일쇼크 당시에도 경제적 타격이 비교적 적었고, 소련이 해체된 이후에도 독립국으로서 주권을 유지하고 있다. 겨울전쟁 이후 핀란드의 현명한 외교 정책은 강대국에 대응하여 국권을 수호하는 전형적인 유럽 약소국의 사례로 평가할 수 있다.

4
영국과 아이슬란드의 이업 분쟁

유럽에서 대구는 북극해 인근에서 대서양으로 연결되는 해역에서 많이 잡히며 많은 사람이 소비하는 생선이다. 이러한 이유에서 대구는 유럽 국가들 사이에서 분쟁의 원인이 되기도 하였는데, 1958년부터 1976년까지 지속된 아이슬란드와 영국 사이의 대구 어업권에 관한 전쟁이 대표적이다. 북해의 아이슬란드는 대구 수확량이 많았는데, 오랫동안 영국 어부들이 아이슬란드 영해로 들어와 대구를 남획하여 위협이 되었다. 이러한 갈등은 실제 포격전과 다수의 사상자도 발생한 양국 사이의 전쟁으로 확대되었다.

당시 미국의 트루먼 선언(Truman proclamation)으로 1958년 대륙붕에 관한 협약(Convention on the continental shelf)

및 어업과 공해의 생물자원 보존에 관한 협약(Convention on fishing and conservation of the living resources of the high seas)이 체결되어, 국제법의 기초가 되었다. 이러한 상황에서 아이슬란드 정부는 자국 영해를 침입한 영국 어부들의 대구 남획으로 경제에 타격이 심하다고 주장하면서, 임의로 영유권을 지정하였다. 영국은 아이슬란드의 행위가 국제법에 반한다고 주장하면서 영국 어선을 군함으로 보호하였다. 아이슬란드 정찰함이 영국 어선에 위협사격을 하자, 영국 군함도 경고하면서 분쟁이 시작되었는데, UN의 국제사법재판소(International court of justice, ICJ)가 영해권 주장을 확장하지 않을 것을 조건으로 아이슬란드의 주장을 받아들이면서 문제는 평화롭게 조율되었다.

그러나 1971년 아이슬란드 정부는 영국과의 합의안이 타의에 의한 강제라며 무효를 주장하였고, 1972년 이전보다 넓은 범위까지 영국의 조업을 금지하였다. 영국은 아이슬란드에 자국의 어획량을 조절하겠다고 제안하면서 기존 어업 수역을 요구하였지만 거절당하였다. 영국 어선은 아이슬란드 영해에서의 조업을 그치지 않았고, 독일 어선까지 참여하였다. 아이슬란드는 영국과 독일의 대구 조업을 금지하고 군함으로 무력을 행사하여 양국의 많은 어선이 손상을 입었다. 영국도 함대를 파견하여 아이슬란드 정찰함을 공격하였고, 아이슬란드도 실탄 사격으로 대응하였다. 아이슬란드가 NATO의 탈퇴 가능성을 주장하자 미국이 중재에 나섰고, 영국은 아이슬란드의 주장을 그대로 받아들였다.

1973년 이스라엘과 이집트 사이의 전쟁으로 오일쇼크(Oil shock)가 발생하였고, 아이슬란드 경제는 파탄에 빠졌다. 아이슬란드 정부는 이를 극복하기 위해서 배타적경제수역의 범위를 확상하여 자국의 독점적 조업 구역을 200해리까지 확대하고자 하였다. 아이슬란드는 미국이 무기 구매 요청이 거부되자, 소련의 군함을 구매하겠다고 선언하였고, 1976년 영국과 아이슬란드 사이에 교전이 발생하였다. 미국과 유럽 국가들은 아이슬란드의 친소련화를 막기 위해서 200해리에 관한 해양수역법(Territorial sea act)을 통과시켰으며, NATO의 중재에 따라 아이슬란드의 요구대로 대구 어획량 5만 톤을 영국에 할당한다는 합의로 마무리되었다.

이 분쟁은 냉전 시기에 NATO 탈퇴와 같은 안보 문제로 확대되었고, 배타적경제수역 개념이 200해리 범위로 굳어지는 원인이 되었다. 1982년에 제정된 UN해양법협약(United Nations Convention on the Law of the Sea, UNCLOS)은 200

해리 범위에서 수산업을 포함한 해양 자원의 이용과 조사를 위한 연안국의 배타적 권리를 인정하였다. 유럽의 약소국이었던 아이슬란드는 국제 관계를 활용하여 영국을 상대로 3차례 모두 승리하였지만, 영국에서는 대구에 의존하던 1만 명의 어부들이 직업을 잃고 정권이 교체되기까지 하였다. 양국은 모두 NATO에 속해있었고 여러 가치를 공유하였지만, 자국민의 어업권 확보라는 이해관계에서 심각한 충돌을 빚었다.

제6장

유럽의 통합을 위한 EU법

1. 유럽석탄철강공동체에서 유럽연합으로 진화하는 조약들
2. EU의 확장과 강화를 위한 법제 개편
3. EU법의 체계
4. EU 회원국의 확대에 따른 EU법의 적용 확대

근대 유럽은 산업혁명과 식민제국주의 그리고 근대 자본주의의 결합으로 많은 부를 쌓으며 국제사회의 주인공이 되었으나, 현대 유럽은 경제 불황과 식민지 독립 그리고 냉전 시대를 거치며 정치 및 경제적인 분열과 어려움을 겪었다. 이러한 문제를 극복하기 위해서 유럽 통합과 평화에 관한 의견이 나타났고, 오랜 시간을 거치며 구현되었다. 서유럽 일부 국가들이 유럽석탄철강공동체를 설립하면서 시작된 통합은 여러 조약의 체결 과정을 거치며 EU 출범으로 이어졌으며, 중동부 유럽의 가입으로 통합의 물리적 범위도 확대되었다. EU는 단순한 국가들 사이의 연계나 통합이 아닌 고유의 법인격을 가진 특수한 조직체로 발전하였으며, 별도의 법체계를 구축하였다.

1
유럽석탄철강공동체에서 유럽연합으로 진화하는 조약들

제2차 세계대전이 끝나고 유럽에서는 전쟁으로 무너진 경제와 사회체계를 복구하고 평화를 유지하기 위한 다양한 의견이 제안되었다. 결과적으로는 경제적 측면에서 마샬 플랜(Marshall Plan)을 통한 지원이 유럽의 경제 회복을 실현하였고, 안보적 측면에서는 NATO가 냉전 시기에 출범하였다. 이 과정에서 유럽 국가들은 통합의 가능성과 필요성을 더욱 인식하게 되었고, 1951년 독일, 프랑스, 이탈리아, 벨기에, 네덜란드, 룩셈부르크가 유럽석탄철강공동체조약(Treaty establishing the European Coal and Steel Community)을 체결하였다.

조지 마샬

이 조약 제2조에 따라서, 유럽석탄철강공동체는 유럽에 석탄과 철강의 공동시장을 구축하여 경제를 확대하고 고용 및 생활 수준을 높이려는 목적을 가졌다. 이 유럽공동체는 군사적 목적으로 활용될 가능성이 높은 석탄과 철강을 공동으로 관리하면서 회원국 사이의 관계를 상호의존적으로 바꾸었고, 유럽의 평화를 유지하고 경제를 개선하는 등 실질적인 유럽 통합의 시작으로 평가된다. 1957년 유럽석탄철강공동체에 참여한 6개국은 다시 로마조약(Treaties of Rome)을 체결하여 유럽경제공동체(European Economic Community)와 유럽원자력공동체(European Atomic Energy Community)를 설립하였다. 이를 통하여 공동체의 대상을 석탄과 철강 산업에서 모든 산업으로 확대하고 공동시장을 창설하였으며, 원자력의 평화적 이용과 이에 관한 공동 정책 및 연구도 추구하였다.

유럽석탄철강공동체, 유럽경제공동체 그리고 유럽원자력공동체가 별도의 조약에 기반을 두기는 하였으나, 회원국이 모두 같으므로 운영 기구를 통합하여 효율성을 높여야 한다는 의견이 제시되었다. 이에 따라 1965년 공동체 회원국은 유럽공동체의 단일이사회와 단일집행위원회 설립에 관한 조약(Treaty establishing a single Council and a single Commission of the European Communities) 또는 통합조약(Merger Treaty)라고 하는 조약을 체결하고, 기존 공동체들의 기구들을 통합하여 유럽공동체(European Communities)를 출범시켰다.

1986년 12개 회원국으로 구성된 유럽공동체는 단일시장 출범을 위한 제도적 개혁을 목적으로 1957년 로마조약을 수정하여 단일유럽의정서(Single European Act)를 체결하였다. 1987년 발효된 단일유럽의정서는 1992년까지 유럽 단일시장을 완성하기 위한 인적, 물적, 자본, 서비스의 자유로운 이동을 제한하는 규제를 제거하는 조치와 공동체의 운영에 관한 기준 변화와 회원국 사이의 정치적 협력에 관한 내용을 담았다. 이 의정서는 유럽의 경제와 정치의 통합에 관한 법제의 중요한 분기점이 되었으며, 1993년 유럽연합(European Union, EU)의 창설에도 영향을 주었다.

냉전이 종식되면서 유럽 통합에도 급격한 변화가 이루어졌는데, 1992년 유럽공동체 12개국은 유럽연합설립조약(Treaty on European Union)이라고도 부르는 마스트리히트조약(Treaty of Maastricht on European Union)을 체결하였다. 이 조약은 기존의 유럽공동체조약들을 수정하고, 외교 안보 및 내무 사법 분야에서의 협력을 추가하는 확장된 유럽통합체를 설립하는 것을 골자로 하였다. 이 조약이 1993년 발효되면서 유럽공동체(European Communities)는 EU로 구조적 변화를 경험하였다. EU는 1957년 체결한 로마조약에서 유래한 유럽공동체설립조약(TEC)과 1992년 유럽연합조약(TEU)을 근거로, 유럽공동체(European Community), 공동외교안보정책(Common Foreign and Security Policy), 내무사법협력(Justice and Home Affairs)이라는 3개의 지주 구조를 가지게 되었다. 마스트리히트조약은 경제적으로 단일시장과 유럽경제통화동맹 및 유로화 도입에 법적 근거를 제공하였고, 정치적으로는 유럽시민권 개념을 도입하고 보충성의 원칙(principle of subsidiarity)을 적용하여 의사결정 과정에 대표성을 강화하였다.

1997년 EU 15개 회원국은 암스테르담조약(The Treaty of Amsterdam)으로 통합을 강화하고 중동부 유럽 국가의 가입 협상을 주도하였다. 1999년 발효된 이 조약은 마스트리히트조약에 포함되지 못한 회원국 확대 교섭, 정치사회 개혁, 공동 외교 안보 정책 및 내무 사법 분야에서의 통합을 규정하였다. 2001년 회원국들은 암스테르담조약의 연장선에서 니스조약(Treaty of Nice)을 체결하여 기존 유럽공동체설립조약과 유럽연합조약을 수정하였다. 2003년에 발효된 이 조약은 집행위원회의 규모 및 구성, 이사회의 투표권 수 조정, 가중다수결에 의한 결정 분야 확대 등 중동부 유럽 국가의 EU 가입을 선제로 하는 개혁을 규정으로 담았다.

2
EU의 확장과 강화를 위한 법제 개편

1993년 EU의 창설로 유럽은 경제 통상 분야를 넘어선 정치적 통합까지 구현하였다. 이후 2003년 유럽이사회에서는 유럽헌법설립조약안(Draft Treaty Establishing a Constitution for Europe)이 승인되었고, 이 조약안은 2004년에 최종적으로 작성되었다. 이 조약안은 EU가 통합된 하나의 헌법을 기반으로 법제적 통합까지 이룬다는 의미였다. 2004년 로마에서 서명된 유럽헌법설립조약은 회원국들의 비준을 거쳐 2006년 발효되는 절차를 진행하였다.

그러나 2005년 프랑스와 네덜란드는 비준 절차를 마무리하지 못하고 말았다. 이러한 유럽헌법조약의 비준 실패에는 다양한 이유가 제기되었으나, EU에 강력한 초국가성을 부여하는 이 유럽헌법에 대한 일부 회원국 국민의 반감과 중동부 유럽 국가들의 가입에 따른 회원국 확대에 의한 유럽연합 구성원의 불균형성이 주요 원인으로 제기되었다. 결국 2007년 로마조약 50주년 기념식이 열린 베를린에 모인 EU 회원국 정상들은 실패한 헌법조약을 대체할 개혁조약(Reform Treaty)을 추진하기로 합의하였다.

이러한 합의를 바탕으로 헌법, 유럽국기, 국가 등 단일 국가를 의미할 수 있는 상징들은 제외하면서 새로운 조약안의 초안이 작성되었는데, 이 내용은 2007년 리스본에서 개혁조약 또는 리스본조약(Treaty of Lisbon)이라는 이름으로 체결되었다. 2009년 발효된 리스본조약은 유럽연합창설조약(TEU)과 유럽연합기능조약(TFEU)으로 구성되며, 유럽연합기본권헌장(Charter of Fundamental Rights of the European Union)까지 편입되었다. 리스본조약은 이전 조약들과 비교하여 구조적 개혁, 정책 결정 체계 및 대외 관계 부분에서 포괄적인 변화를 가져왔다.

리스본조약은 국제사회에서 스스로 조약을 체결하는 독자적인 법인격(Legal personality)을 EU에 부여하였다. 또한 구조적으로 EU정상회의를 정식 기관으로 편입하였고, 임기 2년 6개월의 상임의장직이 신설되었으며, 외교부와 장관에 상응하는 유럽대외관계청(European External Action Service)이라는 부서와 외교안보정책고위대표라는 직위도 신설되었다. 이밖에 리스본조약으로 유럽의회의 권한이 강화되었고 이사회 결정 방식에서 회원국의 55%, EU 전체 인구 65% 이상의 찬성 요건이 반영되는 이중다수결(Double majority) 방식이 도입되었다.

유럽연합설립조약(TEU) 제13조에 명기된 EU의 주요 기구로는 EU 정상회의(European Council), 집행위원회(European Commission), EU 이사회(Council of the EU), 유럽의회(European Parliament), EU 사법재판소(European Court of Justice), 유럽중앙은행(European Central Bank), 유럽회계감사원(European Court of Auditors)이 있다. 이 중에서 EU 정상회의, 집행위원회, EU 이사회, 유럽의회가 EU의 정책 결정에 직접적으로 참여하는 의사결정 기구이다.

EU 정상회의는 회원국 정상들의 정례적 모임으로 조약의 수정, 회원국 가입, 역내 및 역외 주요 문제를 다룬다. EU 정상회의의 주요 논의 사안은 법적 구속력은 없지만 실질적인 영향력이 있다. 집행위원회는 유럽의회 및 EU 이사회에 입법을 제안하고, EU의 정책, 예산, 법을 집행하며, 대외적으로 EU를 대표한다. EU 이사회는 분야별 회원국 장관급 관료로 구성되어 회원국의 이해관계를 조정하고, 집행위원회가 강력한 권한을 행사하기 어려운 외교 안보, 조세, 사회 정책 등에 대해 권한을 가진다. 또한 EU 이사회는 집행위원회의 제안을 바탕으로 유럽의회와 협의하여 정책 결정에 참여한다. 유럽의회는 회원국 시민들이 직접 선출하는 의원들로 구성되는데, EU 입법에 관여하고 집행위원회가 제출하는 예산을 의결하며 집행위원회 위원과 위원장에 대한 인명 동의권을 가진다. 이밖에 EU사법재판소, 유럽중앙은행 및 유럽회계감사원이 각각 사법, 금융 및 외부 감사 측면을 관리하는 역할을 담당한다.

3
EU법의 체계

EU는 헌법조약의 불발로 공식적인 헌법을 가지고 있지 않지만, 이 조약의 개정을 담은 리스본조약에 근거하여 EU법의 체계를 명확히 하였다. 유럽연합기능조약(TFEU) 제216조는 EU가 체결한 조약은 EU의 기구 및 회원국에 대해 구속력을 가지고 있다고 명시하였다. 이것은 EU법이 회원국 국내법에 대하여 적용상 우위에 있다는 것을 의미하는데, EU법의 우위성 원칙(Primacy of EU law)에 따라서 일부 EU법은 회원국에 직접적인 효력(Direct effect)을 미치고 회원국 국내법이 EU법과 충돌하면 개정해야 한다.

EU 차원에서 제정되는 EU법은 크게 네 가지 법원(Source of Law)으로 나눌 수 있다. 우선 유럽의 통합 과정에서 회원국이 체결한 조약이 1차 법원(Primary law)이며, 그러한 조약에 근거하여 EU의 기구들이 제정한 규범이 2차 법원(Secondary law)이다. EU가 제3국과 체결한 협정 및 국제법 그리고 EU 사법재판소의 판결과 그 해석에 따른 판례법도 EU법의 법원에 해당한다.

1차 법원에 해당하는 회원국이 EU에 관하여 체결한 조약에는 유럽연합설립조약(TEU), 유럽연합기능조약(TFEU), 신규회원국가입조약(Treaties on the accession of new Member States to the EU), 유럽연합기본권헌장(Charter of Fundamental Rights of the European Union) 등이 포함된다. 특히 유럽연합설립조약은 외교 및 안보 정책에 관한 규범뿐만 아니라, EU의 목적 및 기구에 관한 일반원칙을 규정하고 있다. 유럽연합기능조약은 EU 기구의 운영, 역할, 정책 등에 대해 세부적인 조항을 두고 있다.

유럽연합설립조약 제189조는 EU 기구를 통하여 제정된 EU법의 2차 법원을 규정(Regulation), 지침(Directive), 결정(Direction), 권고(Recommendation), 의견(Opinion)이라는 종류로 나누어 분류하였다. 이 중에서 규정, 지침, 결정은 회원국에 직접 효력을 미치는 법적 구속력을 가지는 법원인 반면에, 권고 및 의견은 직접적인 법적 구속력이 없다는 근본적인 차이가 있다. 규정은 EU법의 2차 법원 중에서 구속력 및 포괄성이 가장 강력하며 회원국이 별도로 국내법으로 수용하는 절차 없이 적용되어 회원국 국내법에 우선한다. 지침은 회원국이 국내법으로 수용하는 절차를 의무화하면서 기준을 제공하는 법원인데, 목표하는 효과를 회원국 전체로 하지만 구체적인 국내법 시행 방법은 회원국에 위임하는 형식을 취한다. 결정은 어느 회원국과 법인 등 특정 대상을 정하고 이행을 촉구하는 형태로, 해당 법을 직접 적용하여 구체적인 시행이 이루어진다는 특징이 있다. 권고 및 의견은 EU가 제시하는 공동 정책의 목표를 담은 간접적 규범을 의미하며, 회원국이 반드시 국내법으로 수용해야 하는 구속력은 없으나 EU 사법재판소가 인용하는 사례들이 존재한다.

인권, 테러, 환경 등의 논제에 관한 국제사회의 주요 국제규범인 조약과 같은 국제법과 EU가 제3국과 체결한 조약도 EU의 정책 결정과 운영에 영향을 준다. 그리고 그러한 국제법은 당연히 EU법의 형성과 변화에 상당한 의미가 있을 것이다. 이밖에 법의 일반원칙(general principles of law), 그리고 특정 사건에 관한 EU 사법재판소의 결정과 같은 판례도 EU법의 형성과 발전에 영향을 줄 것이다.

4

EU 회원국의 확대에 따른 EU법의 적용 확대

EU는 유럽 지역의 평화와 안정을 목표로 통합을 실천하였으며, 여러 사건을 거치며 점차 회원국을 확대하였다. EU의 확대 정책은 유럽의 가치를 회원국에 반영하고 동시에 회원국을 확대하여, 궁극적으로 유럽의 가치를 확장하기 위함이다. 이러한 목표가 반영되기 위해서는 유럽의 가치를 발굴하고 발전시키는 동시에 EU 회원국 수를 늘려야 한다. 2023년을 기준으로 EU 회원국은 총 27개국이며, EU 회원국의 확대 과정은 다음과 같다.

1951년 (6개국): 독일, 프랑스, 이탈리아, 벨기에, 네덜란드, 룩셈부르크

1973년 (3개국): 덴마크, 아일랜드, 영국

1981년 (1개국): 그리스

1986년 (2개국): 스페인, 포르투갈

1995년 (3개국): 오스트리아, 핀란드, 스웨덴

2004년 (10개국): 체코, 사이프러스, 에스토니아, 헝가리, 라트비아, 리투아니아, 몰타, 폴란드, 슬로바키아, 슬로베니아

2013년 (1개국): 크로아티아

2020년: 영국의 탈퇴(브렉시트)

2023년을 기준으로 EU에 가입하기를 원하는 가입후보국(Candidate Countries)은 튀르키예, 북마케도니아, 몬테네그로, 세르비아, 알바니아, 몰도바, 우크라이나, 보스니아-헤르체고비나 8개국이다. 이밖에 잠재적인 EU 후보국으로는 코소보와 조지아가 포함된다. EU 회원국이 확대된다는 것은 EU법을 적용하는 대상이 확대된다는 의미이며, 회원국은 EU법을 적용하여 유럽의 공동 가치를 공유하게 된다.

1990년대 이후 중동부 유럽 국가들이 독립하면서 새로운 EU 회원국이 되고자 하였고, 이에 따라 EU 가입에 관한 세밀한 요건이 필요하다는 의견이 제시되었다. 1993년 덴마크 코펜하겐 유럽이사회(Copenhagen European Council)에서는 코펜하겐 기준(Copenhagen Criteria)이라고 부르는 가입 요

건(Accession Criteria)이 마련되었다. 코펜하겐 기준은 크게 정치, 경제, 법제에 관한 요건으로 구분된다. 코펜하겐 기준의 정치적 요건은 민주주의, 법치, 인권 및 소수자 보호를 보장하는 제도의 안정성이며, 경제적 요건은 자유시장 경제체제와 시장에서 기업이 공정하게 경쟁할 수 있는 환경이다. 법제적 요건은 공동체법 유산(Acquis Communautaire)에 관한 요건이라고도 하는데, EU가 통합하는 과정에서 체결한 모든 조약, 법률, 관행, 제도 및 공동 정책 등에 대하여 가입국이 수용할 법적 의무이다.

EU에 가입하려는 국가들은 모든 코펜하겐 기준을 충족해야 한다. 유럽연합설립조약(TEU) 제2조는 EU의 설립 가치와 더불어 EU 회원국의 가입 요건으로 유럽 국가여야 한다는 점과 인간의 존엄, 자유, 민주주의, 평등, 법치주의, 소수자의 인권 등 EU가 공동으로 추구하는 가치를 존중해야 한다고 명시하였다. 또한 이 조약 제49조에는 유럽의 어떤 국가라도 공동의 가치를 존중하고 그 가치를 증진하기 위해 헌신한다면, 회원국이 되기 위해 가입을 신청할 수 있다고 명시되어 있다.

EU에 가입하기를 원하는 국가는 유럽의회와 각 회원국 의회에 가입 의사를 표명해야 하며, 집행위원회와 이사회의 검토를 거쳐 가입 협상 개시 여부가 결정된다. 이러한 절차를 거쳐 가입 조건과 일자 그리고 조건의 이행 기간에 관한 조율이 이루어지면, 가입신청국과 기존 EU 회원국 사이에 가입 조약(Accession Treaty)을 체결하면서 구체적인 협상이 진행된다.

제7장

브렉시트에 관한 법제

1. 2021년, 완전한 브렉시트의 시작
2. EU조약 제50조에 근거한 탈퇴 절차의 시작
3. 영국과 EU의 새로운 관계를 설정하기 위한 조약의 체결
4. 새로운 관계 협정의 구조

'영국이 EU에서 탈퇴한다'는 의미의 브렉시트(Brexit)가 구현되었다. 이는 영국이 국제사회에서 독자적인 활동을 한다는 의미이며, 유럽의 통합에 많은 영향을 준다고 전망되었다. 특히 영국과 EU지역 사이의 자연인 이동, 체류, 교육, 취업 등에 관하여 통용되었던 다양한 법과 제도들이 변화하는 상황을 맞이하였다. 영국이 EU에서 탈퇴하려는 이유에는 여러 배경이 있다. 과거 제국주의 시대에 식민지를 거느리며 엄청난 부를 축적했던 향수와 독일과 프랑스가 주도하는 EU에서 목소리를 내지 못하고 있는 상황이 영국의 정서상 받아들이기 힘든 요인으로 작용하였다. 영국 사회에서 보수당과 노동당 사이의 정치적 대립, 자본 산업에 대한 위기의식도 탈퇴를 주장하는 의견에 힘을 실어주었다. 양측은 탈퇴 절차를 진행하면서 FTA 수준 이상의 경제 교류와 협력을 위한 국제법적 장치를 마련하는 협상을 하였다. 그 첫 번째 결과물이 바로 2021년 1월 1일부터 발효된 EU와 영국 사이의 무역과 협력에 관한 협정이다. 이 조약은 영국과 EU 회원국 사이의 일반적인 자유무역 조건을 유지하는 동시에, 다양한 분야의 협력을 약속하는 내용을 포함하고 있다.

1

2021년, 완전한 브렉시트의 시작

영국과 EU의 새로운 관계의 설정을 위한 협정이 2021년 발효되면서, 많은 논란이 있었던 브렉시트(Brexit) 상황이 종결되었다. 영국이 EU 탈퇴의 의사를 가지게 된 데에는 여러 배경이 있다. 따라서 브렉시트 논의는 단순히 EU의 어느 회원국이 탈퇴하는 문제가 아닌, 오랫동안 쌓였던 영국과 다른 유럽 국가들 사이의 역사와 감정들이 혼합되어 드러나 있다는 점을 이해해야 한다. 많은 식민지를 지배하였고 헤아릴 수 없을 정도의 국가적 부를 축적했었다는 과거에 대한 향수, 독일과 프랑스가 주도하는 EU의 질서에서 큰 목소리를 내지 못하는 상황에 대한 불만, 보수당과 노동당 사이 영국 국내 정치에서의 이해관계 대립, 런던을 중심으로 하여 파운드(Pound)화를 기반으로 이루어졌던 자본 거래 분야에 대한 위협 등이 복잡하게 연결되어 있었던 것들이 이에 해당한다. 스코틀랜드 등 영국 내부의 문제도 브렉시트 논의와 관련되어 있다.

2013년 영국의 데이비드 캐머런 총리가 국민투표를 통하여 EU 탈퇴 여부를 묻겠다고 약속한 데에서 비롯된 브렉시트는, 보수당이 2015년 선거에서 승리하면서 그대로 실현되었다. 2016년 6월 영국의 국민투표 결과는 탈퇴를 지지하는 의견이 반대하는 의견보다 약간 많았는데, 노년층과 청년층 그리고 잉글랜드와 스코틀랜드가 찬성과 반대로 나뉘어 충격도 컸다. 2017년 6월 영국의 테레사메이 총리가 공식적인 탈퇴 의사를 EU에 전달하면서 협상이 시작되어, 2020년 탈퇴 협정이 체결되고 적응 단계를 거치는 동안 새로운 관계를 설정하기 위한 조약도 체결되었다. 이 조약이 2021년부터 발효되어, 영국과 EU의 관계는 새로운 상황에서 출발하였다.

브렉시트가 경제적으로 어떠한 영향이 있을 것인가에 대해 다양한 의견이 있으나, 영국이 EU 회원국으로서 단일 시장 아래 상품과 서비스, 자본과 노동이 자유롭게 이동할 수 있는 상황에 비해서는 경제활동의 제약을 받게 될 것이라고 예상할 수 있다. 예를 들어, 영국이 금융 분야에서 EU

동일인 원칙(EU single passport rule)을 적용받지 못하면서 기존 유럽의 금융 선도국이라는 명성을 유지하기 어려울 것이라는 예측이 제기되었다. 영국은 이러한 문제들을 극복하기 위하여 탈퇴 협정과 함께 EU와 FTA 또는 경제협력을 위한 조약 등 국제법적 장치를 마련하였다.

영국은 EU 회원국 지위를 완전히 포기하며 독자적인 모습을 보여야 하므로, 브렉시트는 국제사회에도 다양한 영향을 주고 있다. 위와 같은 영국과 EU 국가 간 내부적인 문제들과는 별도로, 한국을 포함한 제3국에 대한 영향도 다양하게 관찰되고 있다. 이러한 상황은 다자주의와 지역주의 관계에 관한 논의에서도 함의가 있다. 따라서 브렉시트는

© Toms Norde, Valsts kanceleja

데이비드 캐머런

영국과 EU의 관계를 새롭게 설정하는 문제들 이외에, 제3국과의 관계에서도 불확실성을 줄이기 위해서 법적 장치를 재설정해야 한다는 과제를 낳았다.

이러한 상황은 WTO와 같은 다자주의 국제통상법 체계에서 풀어야 할 과제이지만, 개별 국가들과도 EU를 배제한 직접적인 무역 관계 설정의 법적 근거를 만들어야 한다. 가령, 영국이 한국의 무역상대국으로서 자국의 이익을 주장하고, 이를 위한 양자조약을 체결할 수 있다. 결과적으로 영국이 EU법의 틀에서 벗어난다는 사실은 한-영 관계에 관한 국제법, 그리고 양국의 국내법에도 상당한 변화 가능성을 주는 것이라 할 수 있다.

2
EU조약 제50조에 근거한 탈퇴 절차의 시작

EU 회원국의 탈퇴에 관한 절차를 규정하는 EU조약(Treaty on the European Union, TEU) 제50조에 의하면, 탈퇴를 원하는 회원국은 그 의사를 유럽이사회에 통보하고 EU 및 회원국들과 탈퇴 이후의 관계를 설정하기 위한 협상을 진행한다. 이 협상의 결과는 유럽의회의 동의를 받는 것으로 처리된다.

TEU 제50조의 탈퇴 조항은 회원국이 그 조항을 활용할 것이라는 예상 없이 도입되었다. 따라서 규정에서 구체적인 협상의 개시 시점이 명시되지 않았고, 협상을 연장하기 위한 기간을 설정하는 측면에서도 미흡한 부분이 있다. 실제로 EU에 탈퇴 의사를 공식적으로 전달한 국가는 영국이 처음이자 유일하다. 공식적인 탈퇴의 의사를 통보한 후 2년 이내에 탈퇴 조건을 결정하는 협상을 마무리하지 못하면서, EU 회원국의 만장일치로 협상 기간을 연장하지도 못하면 아무런 조건 없이 EU법이 영국에 적용되지 않는 이른바 노딜 브렉시트(No-deal Brexit) 상황이 될 수도 있었다.

양측이 협상 기간을 연장하면서 2019년에 탈퇴협정(Agreement on the withdrawal of the United Kingdom of Great Britain and Northern Ireland from the European Union and the European Atomic Energy Community)이 마련되었다. 마지막으로 2020년 1월 영국과 EU의 의회가 탈퇴협정의 내용을 비준하면서 공식적인 탈퇴 절차가 마무리되었고, 2020년 2월 1일부터 탈퇴협정이 발효되어 영국은 공식적으로 EU의 회원국 위치에서 벗어났다. 다만 EU법의 안정성 등을 고려하고 급격한 변화에 대한 양측의 충격과 혼란을 막기 위하여, 영국과 EU는 2020년 12월 31일까지 이행 기간(경과 기간 또는 과도 기간, Transition period)을 탈퇴협정에 마련하였고, 2020년 12월까지는 영국에 EU법이 계속 적용되도록 하였다.

3
영국과 EU의 새로운 관계를 설정하기 위한 조약의 체결

영국과 EU는 브렉시트 상황이 낳는 법적 불확실성(Legal Uncertainty) 문제들을 해결하기 위하여 새로운 관계를 설정해야 하는 과제를 가졌다. 이 과제의 출발점이 되는 국제법의 법원(法源, Source of Law)은 양측이 체결한 EU 탈퇴협정이다. 이 조약은 영국이 EU에서 탈퇴하는 조건을 전반적으로 규정하고 있으며, 탈퇴 후에도 진행될 EU와 영국의 관계를 설정하는 협상에 관한 정치적 선언(Political Declaration)과 아일랜드와 영국의 북아일랜드 지역에 관한 국경 문제 관련 의정서(Protocol)가 포함되어 있다.

영국은 국내법 차원의 준비도 진행하였다. 2018년 브렉시트 관련 문제를 처리하기 위한 EU 탈퇴법[European

Union (Withdrawal) Act 2018]이 국내법으로 제정되었다. 이 법은 EU법이 영국 내 효력이 사라지면서 나타나는 혼란에 대응하여 기존 EU법 및 파생 법령을 영국의 국내법으로 바꾸는 역할을 하였다. 탈퇴협정이 체결된 이후 영국은 EU 탈퇴협정이행법[European Union (Withdrawal Agreement) Act 2020]을 제정하면서, 탈퇴협정을 국내법으로 전환하여 비준하였다. 이 법은 영국 정부의 역할과 관련하여 기존 EU 탈퇴법을 보완하는 기능도 하였다.

브렉시트 상황에 대응하기 위한 국제법과 국내법의 기반이 마련되었다고 하더라도, 영국법의 전통적인 정서와 EU법의 기반인 대륙법(Continental Law) 정서가 다르다는 점에서 문제들이 나타날 수 있다. EU법에 근거하여 만들어진 영국 사회의 판례들이 전통적인 영국법 기준의 회귀로 인해 혼란스러운 상황이 야기될 가능성이 있기 때문이다. 판례를 중시하는 잉글랜드의 영미법(Anglo-American Law) 전통에 비추어보면, 과거 영국에 없었던 사건에 대하여 EU법에 근거하여 만들어진 판결을 선례로 취급할 수 있는가라는 의문이 있다.

탈퇴에 관한 협정이 발효된 이후에도, 영국과 EU는 여전히 새로운 관계를 명확하게 설정하기 위한 세부적인 협정을 체결해야만 하였다. 양측은 2020년 12월 23일에 새로운 관계를 설정하는 EU와 영국의 무역과 협력에 관한 협정(New EU-UK Trade and Cooperation Agreement)이 체결되었다고 선언하였다. 이 조약은 EU의 공통된 법규, 관리와 감독, 법 집행에 기반한 생태계를 벗어나는 현실을 고려하여 체결하였으며, 2021년 1월 1일에 적용되기 시작하였다. 이 조약의 공식 명칭은, '유럽연합과 유럽원자력공동체를 일방 당사자로 영국을 상대방 당사자로 하는, 무역과 협력에 관한 협정(Trade and Cooperation Agreement Between the European Union and the European Atomic Energy Community, of the One Part, and the United Kingdom of Great Britain and Northern Ireland, of the Other Part)'이다.

이 조약은 무역과 경제협력을 포함한 여러 분야의 약속을 담고 있으며, 개별적인 사항에 대하여 EU 회원국들의 의견을 반영한 유보 사항도 포함하였다. 이 조약은 영국이 EU 회원국으로서 누리던 기존의 이익에는 미치지 못하는 보장만을 제공한다. 또한 대외 정책이나 대외 안보 및 방위조약과 같은 분야는 영국의 요청에 따라 이 조약에서 다루지 않았다. 2021년부터 EU와 영국은 (제3국이나 경제권에 대한 제재 등) 대외 정책 문제에 있어서 공동 대응을 할 수 있는 법적 기반이 사라진 것이다. 이제 영국의 정치, 경제, 사회, 문화는 유럽 대륙과 거리를 두고 독자적 생존을 위해 스스로 방향을 설정해야 하며, 여전히 많은 세밀한 문제들이 협상과 적응의 대상으로 남아있다. 그 과정에서 앞으로 EU와 영국의 관계는 다소간의 거리를 유지하며 협력의 방향을 설정하며 필요한 분야에서 새로운 관계에 적응해야만 한다.

4
새로운 관계 협정의 구조

EU와 영국의 새로운 관계 설정을 위한 이 조약은 전문과 본문, 그리고 방대한 분량의 부록과 부속서들을 포함하고 있다. 본문은 7개의 부(Part)와 장(Title)으로 구성되어 있으며, 특히 무역, 운송, 수산 등 경제 분야에 관한 제2부는 6개의 과(Heading)와 많은 장을 두고 있다. 이 협정 제1부는 총론적 규정을 포함하고 있으며, 제2부는 EU와 영국의 경제적 이해관계가 연결된 다양한 분야들(투자, 경쟁, 국가 지원, 과세 투명성, 항공 및 도로 운송, 에너지 및 지속가능성, 어업, 정보 보호, 사회 안전망 협력 등)에 관한 조항들로 구성되어 있다. 특히 제2부 제1과에 해당하는 '무역' 분야에 관한 사항들은, EU 회원국들과 영국 사이의 물품과 서비스 무역의 자유화를 유지하기 위한 다양한 분야의 규율을 담고 있다.

원산지 규정에 부합하는 물품들에 대한 무관세/무할당의 자유로운 이동을 보장하지만, 공정한 경쟁을 위해 환경보호, 기후변화 대응과 탄소배출권 거래, 인권 및 노동권, 과세 투명성과 국가 지원과 같은 제도를 국내법과 구속력 있는 양자 분쟁 해결 메커니즘 그리고 보상과 같은 수단으로 유지한다. 특히 양측은 지속가능한 친환경의 미래 산업에 관한 약속을 두고 있는데, 양측은 에너지 부문의 협력을 위한 새로운 모델을 제시하며 해외 안전 규정과 신재생에너지의 생산 분야에서 개방되고 공정한 경쟁을 보장한다. 제2부 제1과의 규정들은 대체로 일반적인 FTA와 유사한 내용이라고 평가할 수 있다.

제2부의 다른 규정들은 경제, 사회, 운송 그리고 심지어 수산어업 분야에서 양측의 새로운 관계 설정과 협력을 포괄한다. 제2부 제2과와 제3과는 항공과 육상(도로) 운송에 있어서 지속적인 연결망을 유지하도록 규정하고 있다. 제4과는 EU 시민과 영국 국적자인 자연인의 이동과 관련하여 사회 안전과 단기 비자 등에 관한 권리를 보장하는 규정들이다. 제5과는 어업에 관한 규정들로 구성되어 있다. 이러한 규정들을 기반으로 양측 수역의 어군을 공동 관리하는 새로

운 토대를 설정하여 지속적인 어업과 해양자원의 보존을 위한 공동의 규율이 제공된다.

협정문은 EU 시민과 영국 국민에 대한 취급, 그리고 양측 정부 사이의 행정 및 사법적 협력에 관한 사항까지도 포함한다. 예를 들어, 협정문 제3부는 형사분야의 협력에 관한 자세한 사항들이 규정되었고, 유럽사법재판소(European Court of Justice)의 판결이 영국에서 효력이 없으며 양측의 분쟁은 별도의 분쟁 해결 절차에서 처리한다는 내용도 포함되었다. 양측은 초국경적 범죄와 테러리즘에 있어서 경찰과 사법부 사이의 긴밀한 협력을 하기로 합의하였다. 테러리즘 대응 등 안보 협력에 관하여, 양측은 영국이 셍겐조약에서 벗어난 비 EU 회원국이며 기존에 활용하던 시설들과 다른 상황에 직면한 것을 고려하여 새로운 작전 능력의 수립에 주목하였다. 안보 협력안은 영국이 EU 인권협약을 위반할 경우 유예될 수 있다.

이 협정문 제5부에서는 (영국의 재정적 기여도에 따라서) 영국이 2021년부터 2027년까지 호라이즌 유럽(Horizon Europe) 등 EU의 대표적 프로그램에 참여할 수 있도록 하였다. 제6부는 분쟁의 해결과 수평적 거버넌스에 관한 사항도 협정문에 포함되어, 양측의 협력 관계가 법적 확실성과 지속성을 가지는 기반을 마련하였다. 분쟁 해결을 위한 메커니즘을 마련하여 사업체, 소비자, 개인들의 권리가 존중되도록 하였으며, 협정에 관한 정보의 제공과 협의회를 통한 이 협정의 해석과 부가적인 사항들을 논의할 수 있다.

이 협정의 체결로 명확해진 것은, 영국 경제가 기존 EU 단일시장(Single Market)에 포함되지 않고 영국 사회도 기존 EU법의 공동 규제에서 벗어나게 되었다는 점이다. 이에 따라 자유로운 인력, 재화, 서비스와 자본의 이동은 중단되며, EU와 영국은 서로 다른 법체계로 규율되는 두 개의 시장으로 분리된다. 이는 국경을 넘는 재화나 서비스에 있어서 장애 요소로 작용할 것이다. 그러나 이 협정문은 물품과 서비스 무역에 관한 자유화를 위한 전통적인 FTA의 범주를 포함하여, 단일시장 개념을 바탕으로 오랫동안 지속된 양측의 경제적 협력 관계를 유지하는데 확고한 토대를 마련해주었다.

제8장

자연인의 이동에 관한 유럽의 법제

1. 유럽 내에서 자연인의 자유로운 이동을 위한 셍겐조약
2. 외부로부터의 이민과 난민을 규율하기 위한 더블린규약
3. 유럽의 자연인 이동 규제에 대한 브렉시트의 영향
4. EU와 영국의 무역과 협력에 관한 협정문의 자연인 이동 관련 조항

유럽의 통합을 위한 노력은 로마조약을 시작으로 많은 조약의 체결로 구체화 되었다. 이와 같은 정치·경제적 통합체의 구현과는 별도로, 사람들의 자유로운 이동을 통 한 안전-평화-사회-문화-경제-정치 등의 다면적 협력이 필요하다. 유럽 국가들은 자연인의 이동에 관한 조약을 체결하고 발전시키면서, 현실적이고 구체적인 유럽의 통합을 실현하였다. 솅겐조약은 유럽 내부에서 자연인의 자유로운 이동을 보장하고 통합과 교류를 활성화하기 위한 규범이며, 더블린규약은 외부로부터 유럽으로 진입하는 자연인에 대한 규율과 관리를 통합적으로 추진하기 위한 법제이다. 이러한 자연인의 이동에 관한 조약과 그 기준에 대하여 유럽인에게 정체성을 확립시키고 통합을 유도하는 역할을 할 것인지에 의문이 제기되기도 한다.

1
유럽 내에서 자연인의 자유로운 이동을 위한 솅겐조약

유럽의 통합이 진행되면서 이른바 '유럽인 의식(European Consciousness)'이 생겼고, 여기에서 유럽시민권 개념으로 진화하였다. 이러한 인식은 유럽의 정체성(European identity)을 강화하고 유럽 단일시장(European Single Market)의 형성에도 이바지하였다. 유럽시민권 개념은 통합이 심화된 1970년대부터 논의가 시작되었는데, 1992년 마스트리히트 조약을 통해서 공식적으로 확립되었고 지속적으로 발전하며 EU의 여러 제도에 반영되었다. 특히 유럽시민권 개념은 유럽에서 자연인의 이동에 관한 공동의 규율과 기준이 만들어지는 과정에도 영향을 주었고, '단일 국경'에서 자유로운 이동을 보장하거나 확대하는 법적 기반을 제공하는 솅겐조약 등이 등장하는 자극제가 되었다.

유럽 국가들은 유럽시민권 개념을 바탕으로 유럽 통합을 강화하는 역내 국경 간 자유로운 이동을 보장하고, 외부에서 유입되는 이주민을 통제하기 위한 국내법 장치들을 마련한 것이다. EU 회원국과 유럽자유무역연합(European Free Trade Association, EFTA) 국가들은 솅겐조약(Schengen Agreement)을 체결하여, 유럽 역내에서 국민의 자유로운 이동을 확대하고 대외적인 세관 및 출입국 관리 체계를 공유하면서 자연스럽게 제3국으로부터의 이민을 제한하게 되었다. 이 조약은 유럽 국가들 사이를 연결하는 하나의 영역(이른바

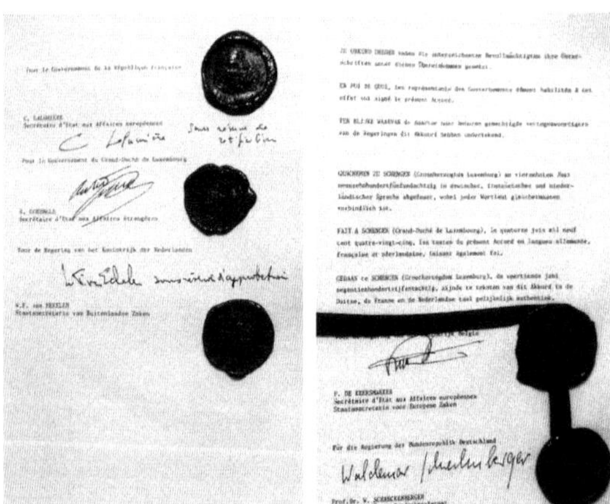

솅겐조약

Shengen Area)을 만들고, 기존 유럽 국가들 사이에 존재하던 국경이동에 관한 제약과 절차를 제거하자는 취지로 1985년 룩셈부르크에서 체결되었다. 그러나 이 조약은 1995년이 되어서야 발효되었고, 이후 체결국의 국내법 변화를 자극하였다.

셍겐조약의 주요 목적은 유럽 내부의 국경 사이에서 사람, 재화, 서비스 및 자본의 자유로운 이동을 가능하게 하는 것으로 요약된다. 이 조약은 기본적으로 체결국 사이의 국경 통제를 폐지하고 공동의 비자 정책을 적용하여, 여행자가 셍겐조약 체결국에서 비자를 취득하여 다른 회원국을 방문할 수 있는 체계를 구축하는 것이었다. 조약 체결국들은 이를 구현하기 위해서 경찰과 사법 협력을 강화하면서, 외부에서 입국하고 체류하는 조건을 표준화하고 정보를 공유하였다.

셍겐조약은 유럽 사회의 구성원과 재화를 자유롭게 이동시키는 실질적인 '유럽의 통합'을 가능하게 하는 국제법이라고 평가할 수 있다. 이 조약은 자연인의 이동, 물품의 이동, 경제적 협력 등에 많은 영향을 미치며 국경을 넘나드는 사람과 물품에 자유로움을 제공하였고, 구성원들에게 유럽이라는 하나의 지역적 인식을 만들었다. 이와 같은 방식은

1994년 EU와 EFTA가 시장을 통합하기 위하여 체결한 유럽경제지역(European Economic Area)을 위한 조약과 유사하다.

그러나 솅겐조약에 보안 및 국경 관리에 관한 문제가 등장하기도 하였다. 2016년 유럽의 난민 위기에 오스트리아, 덴마크, 프랑스, 독일, 노르웨이, 폴란드, 스웨덴 등은 임시로 국경 통제를 하였고, COVID-19 상황에서는 모든 국경에서 통제가 이루어졌다. 2022년 크로아티아가 솅겐조약에 가입하는 과정에서, 일부 국가는 불가리아와 루마니아의 추가를 거부하기도 하였다. 오스트리아는 서발칸 지역을 통해서 유럽에 불법으로 진입하는 이민자를 통제하기 어렵다고 주장하였는데, 이것은 솅겐조약이 가진 과제라고 할 수 있다.

2
외부로부터의 이민과 난민을 규율하기 위한 더블린규약

더블린규약(Dublin Regulation)은 유럽 국가들 사이에 이주자와 난민의 신청 및 처리에 관한 기준을 정하는 규정이다. 셍겐조약으로 유럽 내부적으로 이동이 자유롭게 되었는데, 이것은 외부에서 유럽으로 들어오는 이민·난민의 처리 과정에서 문제들을 낳기도 하였다. 이를 해결하기 위해서, 유럽 국가들은 여러 나라에서의 난민 신청을 금지하고 난민 처리를 책임지는 국가를 공동의 기준으로 결정하는 유럽 공동 난민 관리 체계를 구축하고자 하였다.

더블린규약은 1990년대에 처음 도입되었으며 여러 수정 및 개정을 거쳐 현재의 형태를 갖추게 되었다. 더블린규약은 이주자 또는 난민 신청자가 처음으로 입국한 국가에 난민 등에 관한 결정권과 책임도 부여한다는 원칙을 설정하였다. 난민의 중복 신청을 방지하고 절차를 단순화하기 위해서, 이주자가 유럽 내에서 이동하더라도 처음 입국한 국가에서 난민 신청을 해야 한다. 물론 다른 국가에 가족이나 아이가 있다면 인도적인 차원에서 원칙에 예외를 설정할 수 있다.

더블린규약은 유럽 내에서의 이주자 관리와 난민 신청자 처리에 중요한 법적 기반이 된다. 그러나 이 규약에 대한 지적도 있는데, 특히 이주자가 처음 입국한 국가가 신청자에 대한 처리와 책임을 맡아야 한다는 원칙이 비효율적일 수도 있다는 주장이 있다. 또한 난민 문제를 처리하는 과정에서 일부 국가만 과도한 부담을 겪을 수 있다는 지적도 있다. 실제로 2015년 유럽에서 난민 위기가 발생하자, 헝가리와 체코는 난민 문제 처리에서 어려움을 경험하였다.

현실적인 문제들도 많이 드러났는데, 유럽 난민 및 이주자위원회(ECRE), UN난민고등판무관사무소(UNHCR) 및 비정부기구들은 난민 신청 절차에서 신청자에게 여러 제한이 발생하고, 절차의 활용에 어려움이 있는 등 장벽이 발생한다는 점을 지적하였다. 또한 이들은 더블린규약이 유럽 내의 불법체류자 통제와 난민에 관련된 실질적인 규제로서 유용한지에 대한 의문을 제기하였다. 이에 따라 더블린규약의 개혁 및 수성에 대한 논의가 계속 진행되고 있으며, 보완된 더블린규약은 일부 국가의 부담을 분산시키기 위한 난민 신청자 수의 국가별 균형을 유지하는 정책을 채택하려는 노력도 포함되어 있다.

3

유럽의 자연인 이동 규제에 대한 브렉시트의 영향

영국의 탈퇴에도 불구하고, 자연인의 자유로운 이동과 거주의 권리는 2020년 말까지 기존의 기준을 적용하였다. EU 시민의 자유로운 이동은 탈퇴 협정에서 규정대로 경과 기간인 2020년 말까지 적용되었으며, 이 기간까지 양측의 시민과 국민, 소비자, 기업, 투자자, 학생과 연구원들은 기존의 체류에 관한 지위를 이전처럼 유지하였다. 그리고 EU의 기관과 사무소 등은 영국과 영국에 거주하는 자연인 및 영국에서 설립된 법인에 관련된 사항에 있어서 EU법이 부여한 권한을 계속 유지하였다.

EU 시민과 영국 국민 및 가족은 EU법에 근거한 권리를 경과 기간이 끝나기 전에 선택한 장소에서 남은 생애 동안 계속 주장할 수 있다. 이들은 국적에 따른 차별 금지 및 동등한 대우의 권리를 가지며, EU법에서 정하는 '실질적으로 동일한 조건'으로 해당 국가에서 계속 거주, 근로, 학업을 수행할 수 있다. 실질적인 거주의 조건은 대체로 기존 EU법 기준과 유사하고 앞으로도 유지될 것이다. 이미 영주권을 취득한 경우는 조건의 충족 여부를 검토할 필요도 없다. 거주권에 영향을 미치지 않는 일시적인 부재와 영주권에 영향을 미치지 않는 장기간의 부재도 허락된다.

그러나 경과 기간이 지나고 실제로 브렉시트 상황이 구현되면서, 자연인의 이동과 체류의 문제는 시급한 문제가 되었다. EU에서 영국으로 또는 그 반대로 사람들의 자유로운 이동은 2020년 12월 31일 오후 11시에 종료되었고, 영국 정부는 2021년부터 외국인의 영국 체류에 관한 새로운 정책을 적용할 것이라고 발표하였다. 이 정책은 EU 시민과 비EU 시민을 동등하게 취급하는 포인트 기반 체계(Points-based system)로, 영국이 국경 통제권을 가지고 이주 수준을 줄이는 동시에 과학자, 엔지니어, 학자 및 고도로 숙련된 근로자 등 높은 기술과 재능을 가진 이들에게 입국과 체류의 우선순위를 부여하는 것이다.

브렉시트 상황은 한 국가에서 취업 또는 자영업자로 활

동하면서 다른 국가에서 생활하는 이른바 국경 간 근로자(Cross-border worker)에 대한 복잡한 문제를 낳을 수 있다. EU법이 보호하는 개인의 자유로운 이동은 EU 지역 내에서 국경 간 근로자를 만들었는데, 탈퇴 협정은 이러한 경우도 보호의 대상으로 하였다. 그러나 EU와 영국의 무역과 협력에 관한 협정이 체결되면서 일부 회원국은 향후 국경 간 근로자를 계속 보호하기 위한 새로운 개념을 국내법으로 규정하거나 하위 규범을 마련하여 관련 서류를 발행해야 할 가능성이 생겼다. EU와 영국은 자유로운 인력, 재화, 서비스와 자본의 이동이 제한되고 서로 다른 법체계로 규율되는 대등한 두 개의 시장으로 분리된다. 국경을 넘는 재화나 서비스는 이제 그 이동에 현실적인 장애물이 생기게 되었다.

EU로부터 영국이 탈퇴하는 협정이 체결된 이후, 양측은 경과 기간을 거치는 동안 새로운 관계를 설정하는 협상을 진행하였고 무역과 협력에 관한 협정이 체결되었다. 이 협정은 기존의 탈퇴 협정에서 양측이 약속하지 못한 탈퇴 후의 새로운 관계에 법적 기준을 제공하였다는 의미가 있다. 이 조약은 기본적으로 EU와 영국의 물품 및 서비스 무역에 관한 자유화 규정을 두면서 전통적인 FTA의 내용을 포함하였다. 이 조약의 체결은 단일시장 개념을 바탕으로 유지되었던 양측의 경제적 협력 관계를 대등하고 독립적이지만 새로운 바탕에서 발전시키기 위한 국제법 토대를 마련했다는 의미도 있다.

EU와 영국의 무역과 협력에 관한 협정이 체결됨으로써 양측은 새로운 관계에서 협력 방안을 논의해야 하는 상황이 되었다. 이 협정의 규정을 바탕으로 EU 시민 또는 영국 국민의 이동이라는 범위에 포함되는 단기직 방문에는 비자 면제와 같은 도구가 활용될 수 있게 되었다. 그러나 포르투갈과 같은 EU 회원국의 국내 이민 제도와 관련 법이 장기적으로는 브렉시트 상황에 의한 변화에 적응해야 하므로, 이민법에 새로운 기준들이 출현할 수밖에 없다. 물론 COVID-19와 같은 예기치 못한 또 다른 변수에도 적응해야 할 것이다.

EU는 전문 인재를 유치하기 위한 적극적이고 개방적인 이주 정책과 저임금 노동력의 역내 이입을 막기 위한 보수적이고 수동적 정책을 전개하는, 이른바 병행접근(Two track Approach) 방법을 유지하고 있다. EU가 제3국 출신의 노동자 유입을 강하게 제한하면서도 전문·고급 인력의 장기 거주는 허용하는 'EU Blue Card' 제도가 대표적이다. 이 제도는 2007년부터 EU에서 논의되어 2009년부터 2년간의 국내법 제정 유예 기간을 거쳐 회원국 모두에 적용되는 EU 공동 기준이다.

영국이 EU에서 탈퇴하면서 당분간은 여전히 일부 정책을 EU와 공유하거나 협력한다고 하더라도, 장기적으로는 외국인 노동자 문제와 같은 사안들에서 차츰 개별적인 정책을 추구하게 될 것이라고 예상할 수 있다.

4
EU와 영국의 무역과 협력에 관한 협성문의 자연인 이동 관련 조항

EU와 영국 사이에 체결된 무역과 협력에 관한 협정문은 브렉시트로 변화되는 자연인의 이동 규율에 관하여, 제2부 제4과의 조항들을 마련하였다. 이 부분은 사회보장의 조정(Social Security Coordination)과 단기 방문을 위한 비자(Visas for short-term visits)에 관한 양측의 약속이다. 두 개의 장(Title)로 구성된 제4과는 제1장에서 EU 시민과 영국 국민이 상대방 지역에서 체류하기 위한 양측 사회보장 제도의 조율과 안전망 확보를 규정하였고, 제2장에서 상대방 지역을 단기에 방문하는 양측 시민과 국민에 관한 조항을 두었다.

제1장은 양측이 사회보장 체계를 조정하기 위하

여 사회보장 조정에 관한 의정서(Protocol on Social Security Coordination)를 체결한다고 약속하였다. 사회보장 조정에 관한 의정서는 EU 회원국 또는 영국에 합법적으로 거주하는 사람에게 적용되며, 이 의정서가 대상자의 이전 거주 기간에 연동되는 연금 자격에 영향을 미치지 않는다고도 규정하였다. 사회보장 조정에 관한 의정서는 양측 사이에서 발생하는 상황에만 적용되므로, 영국 또는 EU 내에서만 국한되는 상황에는 적용될 여지가 없다. 협정문이 자세한 내용을 위임한 사회보장 조정에 관한 의정서는 이 협정문의 본문 뒤에 포함되어 전체 조약의 일부를 구성하며, 대체적인 내용은 위에서 언급된 사항을 구체화하는 것이다.

단기 비자에 관한 제2장은 전체 3항으로 구성된 하나의 조항으로 이루어져 있다. 양측은 기본적으로 각자의 국내

© UK Government

영국의 브렉시트 캠페인 광고

법에 따라 자국민에 대한 단기 방문을 위한 비자 없는 여행을 허용할 수 있다. 원칙적으로 단기 방문에 대한 비자 면제를 허용하면서, 그 활용 여부는 회원국의 재량에 맡긴 것이다. 만약 EU 회원국 또는 영국이 단기 방문에 대한 비자 요건을 부과할 것이라면, 그러한 요건이 발효되기 3개월 전에 상대방에게 통보해야 한다.

자연인의 이동과 관련해서도 이 협정문의 일부 부속서들이 자세한 내용을 다루고 있다. 예를 들어, 서비스 분야에 관한 이 협정문의 제3부속서는 설립 목적의 비즈니스 방문자, 기업 내 전근자 및 단기 비즈니스 방문자에 관한 규율사항을 담고 있다. 서비스 분야에 관한 제4부속서는 계약서비스 공급 업체 및 독립적인 전문가의 방문에 관한 사항을 규정하며, 서비스 분야에 관한 제5부속서는 자연인의 이동에 관한 절차 및 동반자의 취급 등에 관한 규정들을 두었다. 그러나 양측은 그동안 자유롭게 체류가 보장되었던 기업가와 투자자 등 장기 체류자에 대한 처우를 논의하고 관리 기준을 마련해야 하는 새로운 과제를 가지게 되었다.

제9장

유럽의 북극 관련 법제

1. 유럽의 북극 지역에 관한 관심과 국제사회의 주도
2. 북극이사회의 형성과 유럽의 관련 국제법 발전에 대한 기여
3. 유럽의 북극 지역 환경과 소수민족에 관한 법제의 발전
4. 북유럽 국가들의 북극 지역 안보 문제에 관한 공동 대응

국제사회는 이전보다 세밀하게 북극 지역과 관련된 문제들을 규율하고 있다. 그러나 여전히 북극 관련 문제를 아우르는 국제법들이 통일되지 못하는 중이며, 이러한 문제를 해결하기 위해서는 지속가능성 개념과 같은 공통의 원칙을 추구하는 것이 필요하다. 유럽의 국가들은 오랫동안 북극 지역에서 많은 이익을 얻어왔으나, 동시에 이 지역을 중심으로 갈등과 분쟁을 겪기도 하였다. 그에 따라 유럽 국가들은 북극 지역과 관련된 정책들과 국제법을 발전시켰고, 북극이사회를 출범시켰다. 현재 북극 관련 문제들은 북극이사회에서 마련하는 논의를 거쳐 관련 국가들의 조약 체결을 통해 다루어진다. 최근에는 환경문제와 인권, 평화, 지속가능성 등 전통적인 유럽의 가치(European Value)가 이 지역과 관련된 국제법에 반영되고 있다. 유럽은 그들의 가치를 법제에 결합함으로써 북극 지역 논의에 참여한다.

1
유럽의 북극 지역에 관한 관심과 국제사회의 주도

북극과 그 인접 지역은 혹독한 환경으로 문명이 접근하기 어려웠지만, 소수의 인류가 살아오면서 독특한 언어와 문화를 기반으로 한 공동체가 형성되었다. 20세기에 들어서면서 기술의 발전으로 이 지역에 대한 접근이 가능하게 되었고, 서구화된 도시가 건설되기 시작했다. 최근에는 이러한 도시들이 대부분 국가의 안보, 자원 개발, 과학 연구 등을 위한 거점으로 활용되고 있다. 특히 유럽 국가들은 조약을 체결하면서 인접한 북극 지역의 분쟁과 갈등을 조정하였고, 유럽의 공동 가치를 반영하여 환경 및 생태계 보호를 위한 조약의 제안이나 체결에 적극적인 모습을 보이기도 하였다.

스발바르조약의 체결

스발바르조약(Svalbard Treaty)은 이러한 유럽의 노력이 반영된 전형적인 결과라고 할 수 있다. 이 조약은 북유럽 스칸디나비아반도와 북극점의 중간에 자리한 스발바르 제도의 영유권과 국제법적 문제를 해결하고자 1920년 파리에서 체결되었다. 이 섬들은 18세기까지 주로 고래잡이 기지로 활용되었는데, 20세기 초반부터는 이곳에 사람들의 정착과 채광이 시작되었다. 이 조약의 공식 명칭은 '스피츠베르겐의 지위를 규정하고 노르웨이에 주권을 부여하는 조약(Treaty regulating the status of Spitsbergen and conferring the Sovereignty on Norway)으로, 10개의 조항(Article)과 부속서로 구성된 비교적 짧은 국제법이다.

노르웨이는 스발바르조약에 근거하여 스발바르 제도에

대한 통치권을 얻었으며 '스발바르 법'이라는 국내법도 제정하였지만, 이 섬들의 평화적 활용과 보호를 위한 노르웨이의 통치권은 제한되었다. 이처럼 노르웨이를 포함한 국가들의 이해관계를 조율하기 위해 체결된 스발바르조약은 100년이 넘는 시간을 거치면서 40개국 이상의 국가들이 체결한 다자 조약으로 확대되었으며, 이제는 영토분쟁 해결을 위한 조약 체결의 대표적인 사례로 평가되기도 한다. 노르웨이를 포함한 유럽 국가들은 초기부터 이 조약의 체결을 주도하였고, 현재 스발바르 제도는 경제특구와 비무장 지대가 되었다.

북극곰보존조약(Agreement on the Conservation of Polar Bears)은, 1960년대 국제적으로 급증한 사냥으로 멸종위기에 놓인 북극곰 개체 수를 보호하기 위해서 1973년 오슬로에서 체결되었다. 북극곰이 많이 서식하는 지역인 캐나다, 덴마크, 노르웨이, 미국, 소련이 체결한 이 조약은 예외적인 경우를 제외하고는 북극곰에 대한 사냥을 금지하였다. 즉, 북극곰보존조약은 북극곰에 대해 규제되지 않은 스포츠 사냥, 북극곰 개체 수에 해로운 항공기와 쇄빙선에서의 사냥이 금지된다. 또한 이 조약의 체결국에서는 북극곰 수출과 수입 및 밀매가 엄격히 금지된다.

다만 과학적 목적이나 다른 생물자원의 심각한 혼란을 방지하려는 목적으로 북극곰을 사냥하거나, 토착 소수민족이 그들의 전통적인 방법을 사용하여 사냥하는 것은 허용된다. 또한 이 조약은 북극곰의 생태계를 보호하기 위한 목적으로 체결국들이 과학적 자료에 근거하여 북극곰 개체군을 관리해야 한다고 규정하였다. 이러한 목적을 위해서 체결국들은 북극곰 연구 작업을 조율하거나 결과를 공유한다.

이처럼 유럽 국가들은 북극 지역에서 이해관계가 교차하며 갈등과 분쟁을 겪으면서 이 지역에 관한 정책과 제도들을 꾸준히 발전시켜 왔다. 특히 유럽의 주도로 북미와 러시아 등이 참여하여 조약이 체결되기도 하였으므로, 유럽은 북극 지역 관련 국제법의 발전에도 역할을 하였다고 할 수 있다. 스발바르 제도에 대한 갈등과 이를 해소하기 위한 조약의 체결 및 북극곰 보호를 위한 조약의 체결이 대표적 사례이다. 그러나 유럽은 북극 지역에 대한 더욱 보편적인 국제적 규율을 구상하였다.

2
북극이사회의 형성과 유럽의 관련 국제법 발전에 대한 기여

북극 지역에 대한 유럽의 관심과 규제 노력은 국제사회 전반으로 확대되었다. 1989년 북극 지역 국가들은 환경 보존을 위한 논의를 시작하여, 1991년 북극환경보호전략(Arctic Environmental Protection Strategy)이라는 기구를 설립하였다. 그러나 북극 지역의 8개국은 더욱 발전된 형태의 기구를 만들고자 하였는데, 1996년 오타와 선언(Ottawa Declaration)으로 북극의 환경 보존 및 지속 가능한 개발을 위한 북극 정책을 논의하는 정부 간(Inter-governmental) 협의기구인 북극이사회(Arctic Council)를 설립하였다.

북극이사회 회원국은 캐나다, 덴마크, 핀란드, 아이슬란드, 노르웨이, 러시아, 스웨덴, 미국이며, 이누이트족 등 북극 원주민 6개 단체에게 상시참여자(ㅖermanent participants) 지위가 부여되었다. 북극이사회에는 비북극 지역 국가와 국제자연보존연맹과 같은 정부 간 기구 및 국제북극과학위원회와 같은 비정부기구가 옵서버로 참여하고 있다. 북극의 환경과 기후, 생물다양성, 북극해, 북극 거주민 등 현안과 정책을 논의하는 북극이사회에는 북극 오염 대책 프로그램(Arctic Contaminants Action Program)과 지속가능개발(Sustainable Development) 등 실무 분과(Working groups)가 마련되어 있다. 의사결정은 8개 회원국의 합의로 이루어지는데 각 회원국의 외교부 장관 등 고위급 대표들이 참석하는 최고 의사결정 기구인 각료회의(Ministerial meeting)가 2년마다 개최된다.

북극에 인접한 유럽 국가들은 북극이사회의 출범에 참여하면서 제 역할을 하였다. 북극이사회의 정식 회원국 중에서 북극 인접국으로는 덴마크, 핀란드, 아이슬란드, 노르웨이, 스웨덴이 포함되어 회원국의 절대다수를 차지하고 있으며, 그들이 현재 북극이사회의 논의를 주도하는 것도 자명하다. 특히 북극해와 직접 국경을 만나고 있는 노르웨이 등은 북극이사회의 중심적 역할을 자처하고 있다. 유럽 국가들은 북극이사회 협의에서 자국과 북극 지역 전체의 이익을 반영한 정책을 제안하면서도, 유럽의 가치를 반영한 의견을 피력하기도 한다.

북극이사회 회원국들은 북극 지역의 보호와 협력을 위하여 북극이사회 체계에서 논의를 진행하면서 조약을 체결하였다. 2011년 회원국들은 북극 지역의 조난자 수색과 구조를 위한 항공 및 해양 수색 및 구조에 관한 협력 협정을 체결하였다. 2013년 스웨덴에서 개최된 북극이사회에서는 북극해의 유류 오염 대응에 관한 협정이 체결되었다. 이 조약은 유류 오염 대비와 해양 환경 보호를 위한 대응에 있어서 북극 지역 국가들의 협력을 강화하는 역할을 하였다. 2017년 알래스카에서 개최된 북극이사회에서는 과학 협력 강화에 관한 협정이 체결되었다.

북극이사회에서 유럽 국가들의 역할은 앞으로도 지속될 것이라고 예상할 수 있다. 그러나 북극이사회는 북극 지역 국가들에게만 정식 회원국의 지위를 부여하며, 다른 국가에는 옵저버 이상의 자격을 부여하지 않는다는 폐쇄성 때문에 많은 비판을 받기도 한다. 북극이사회가 북극 지역 이외의 유럽의 국가들도 포함하고 있는 것은 사실이지만, 현재 체제로서는 EU와 같은 다른 국제법 주체가 당사자가 되어 이 국제협의체에서 공식적인 활동을 하지 못하고 있다.

3
유럽의 북극 지역 환경과 소수민족에 관한 법제의 발전

유럽 국가들은 기후변화 속에서 환경 보호를 위한 논의를 북극 지역과 연결하였다. 1992년 기존 대서양 환경에 관한 유럽 협약이었던 오슬로협약과 파리협약의 모든 당사국이 참여하여 파리에서 개최된 장관 회의에서 북동대서양 해양환경보호협약(Convention for the Protection of the Marine Environment of the North-East Atlantic, 이른바 OSPAR협약)에 서명하였다. 이 OSPAR 협약은 기존 협약을 대체하면서 1998년 발효되었다. 같은 해 포르투갈 신트라에서 열린 OSPAR 위원회 제1차 각료회의는 '북동대서양 해양환경에 악영향을 미칠 수 있는 모든 인간의 활동'을 규율하기 위한 협력을 확대하면서 이 협약의 부속 문서를 채택하였다. OSPAR 협약은 현재 해양 생물다양성, 영농화, 해양으로의 위험 및 방사능 물질의 방출, 연안의 석유와 가스 관련 산업, 환경 조건의 기본 모니터링에 대한 유럽식 표준을 적용하고 있다.

한편, EU는 북극 지역의 지속가능한 발전을 보장하고 환경을 보호하려는 과제를 수행하기 위해서 국제사회의 규범을 강화하려고 한다. EU의 전반적인 환경 정책에 대한 지침(Guidance)인 환경행동계획(Environment Action Program to 2020)은, 자연 자본을 보존하고 EU를 효율적이면서도 경쟁력을 갖춘 저탄소-경제로 전환하여 인간을 위험과 환경 부담으로부터 보호한다는 목표를 가지고 있다. 파리기후변화협약(Paris Agreement)의 당사자인 EU는 2030년까지 온실가스의 배출량을 1990년대 기준 40%까지 감축하고자 노력하고 있다. 특히 EU는 '장거리 초국경성 대기오염협약에 관한 괴텐버그 의정서'라는 국제적인 대기오염원협약의 내용을 특정 대기오염원 국가배출량 최대한계지침(National Emissions Ceiling Directive)으로 반영하였다. 이러한 유럽식 환경 기준은 북극 지역에도 고스란히 반영된다.

북극 지역의 토착 소수민족에 관한 문제도 중요하다. 수렵을 기반으로 원주민들이 생존할 수 있었던 것은, 전통적인 삶의 방식과 지식이 세대에 걸쳐 내려왔기 때문이었다. 그러나 현대 기술 문명이 북극 지역에 접근하게 되면서 다른 형태의 경제활동과 문화가 추가되어 다양한 사회문제를 겪고 있다. 이들은 국제사회와 각국에서 소수민족으로 취급되어 보호와 지원의 대상이 되고 있다. 예를 들어, 노르웨이 핀마르크(Finnmark)주에 4만 명 이상 거주하는 사미족은 토지에 대한 역사적 소유권을 법적으로 인정받고 있으며, 해당 토지의 자원에 대한 권리도 보장받고 있다.

북극 지역의 소수민족에 대한 보호는 인권과 환경 등을 중요시하는, 이른바 '유럽의 가치'를 반영할 수 있는 민감한 문제이고, 지속가능성을 위한 핵심 논제이기도 하다. 유럽의 북극 지역 토착 소수민족에 대한 관심은 1990년대부터 본격적으로 시작되었다. 유럽의 소수민족 보호에 관한 기본 협약은 1994년 마련되었는데, 1999년 스웨덴은 소수민족 및 지역 언어에 관한 유럽의 기준을 받아들이기로 하였다. 스웨덴 소수민족 정책은 소수민족들을 보호하고 그들의 영향력이 발휘될 기회를 강화하며, 동시에 소수민족 언어를 지원함으로써 그 언어와 정신이 생존할 수 있도록 한다.

이러한 소수민족 그룹들은 차별, 적대감과 폭력 등으로부터 보호받고, 기본적인 인권과 자유를 보장받아야 한다.

소수민족은 집회, 연맹, 발언, 사고, 양심 및 종교의 자유에 대한 권리를 지니며 또한 자신의 언어로 견해와 발언의 자유에 대한 권리를 지닌다. 스웨덴 국내 소수민족들은 사적이든 공적이든 그리고 구어로든 문어로든 자신의 언어를 사용할 권리를 가진다. 국내 소수민족에게 속한 사람들이 전통적으로 상당수가 거주하고 있는 지역에서는 행정기관에서 소수민족의 언어를 사용할 수 있다는 전제가 있어야 한다.

4
북유럽 국가들의 북극 지역 안보 문제에 관한 공동 대응

북극 지역은 지정학적 필요성에 기인하여 세계대전에서도 많은 전투가 있었던 지역이며, 냉전 시대를 거치면서도 평화와 위험이 공존하는 복합적인 상황에 놓이기도 하였다. 최근에는 군사적 경쟁이 다시 강화되면서, 유럽의 국가들도 북극 지역의 안보 문제에 민감한 반응을 보인다. 이러한 상황에서 유럽 공동안보 문제가 활발하게 논의되는데, 그중에서도 북극 지역에서 러시아와 같은 특정 국가의 군사행동에 관한 대응 전략이 구체적으로 논의되고 있다. 기후변화로 인해 빙하가 녹기 시작하면서 북극을 관통하는 항로가 가능해진 점도 북극 지역 안보의 핵심 안건으로 부상하고 있다. 아울러 북극해의 교류가 확대되어 이 지역이 더 많은 관심을 받고 인접 국가들의 이해관계가 갈등을 낳기 시작하면서 의견 대립이 드러나고 있다.

노르웨이와 러시아는 오랜 기간 지속되던 국경분쟁을 2010년 바렌츠해 및 북극해에서의 해양경계 획정 및 협력에 관한 협정(Treaty on Maritime delimitation and Cooperation in the Barents Sea and the Arctic Ocean)을 체결함으로써 해소하기는 했으나, 여전히 덴마크와 캐나다, 미국과 캐나다 등 북극 지역의 국가들 사이에서는 갈등이 나타나고 있다. 그 대표적인 사례로 북극점 영유권에 대한 긴장이 조성되던 가운데 러시아가 2007년 로모노소프 해령(海嶺, Oceanic ridge)에 자국의 깃발을 꽂으며 북극점의 영유권을 주장한 사건이 있다. 이를 계기로 북극 지역에 대한 인접 국가들의 갈등이 명확하게 드러나기 시작했다.

북유럽 국가들의 협력도 이러한 상황들과 마주하고 있다. 북유럽 국가들을 노르딕 정체성에 근거한 '안보공동체' 건설을 위한 협력을 추진하였다. 2000년대부터 북유럽 국가들의 군사협력이 확대되었는데, 2008년 북유럽 5개국은 노르딕지원방어구조(Nordic Supportive Defence Structures, NORDSUP)를 정식 기구로 출범시켰다. 여기에 아이슬란드와 덴마크가 참여하여 북극 지역을 포괄하는 북

© President of Russia

2010년 바렌츠해 및 북극해에서의 해양경계 획정 및 협력에 관한 협정의 체결

유럽 방위 협력 구조를 만든다는 구상이 현실로 나타났다. 2009년에는 노르딕방위협력기구(Nordic Defence Cooperation, NORDEFCO)가 설립되면서, 북유럽 국가들은 국방을 강화하고 효율적인 대응을 촉진하고자 하였다. NORDEFCO의 목적은 북유럽 국가에 다자간 공동방위 정책을 도입하여 방위력을 강화하고 효율적인 작전을 수행하고자 하는 것으로 요약된다.

전통적으로 러시아와 구소련에 대응했던 전략을 유지한 북유럽 국가들은 유사한 전략 운용 원리를 가지고 있으므로 다양하고 효율적인 협력이 가능하다고 판단했다. 이들은 방위 협력을 통해 각국의 방위 시스템을 조율하고 주요 정보를 교환하여 안보 위기에 효과적으로 대응할 수 있다고 보았다. 유럽 국가들의 개별적인 안보 정책과 EU의 공동안보 정책, 그리고 북유럽 국가들의 방위 협력 체계 구축으로 이어지는 북극 지역과 연관되는 안보 및 군사 분야의 향방을 주목할 필요가 있다.

제10장

디지털 유럽을 위한 법제

1. 디지털 사회로의 전환을 위한 유럽의 법제화
2. 디지털 유로화의 도입
3. 디지털 유로화 도입에 관한 법적 근거
4. 디지털 법제와 디지털 유로화의 과제

디지털 사회로의 전환이 빠르게 이뤄지고 있는 작금의 국제사회에서, 유럽과 EU도 이러한 시대적 흐름을 적극적으로 받아들이고 있다. 이제 유럽 사회를 변화시키는 여러 패러다임 중에서 디지털은 가장 영향력이 큰 것으로 인식되고 있다. 특히 COVID-19의 확산 이후 사람들의 활동 영역이 오프라인 중심에서 온라인 중심으로 이동하면서 디지털 전환에 대한 수요도 증가하였고, 유럽에서도 여러 디지털 환경을 위한 정책과 법, 특히 디지털 화폐에 관한 법제가 구현되었다. 전통적으로 현금 결제를 선호하였던 유럽이 이제는 생산자와 소비자 모두 온라인 결제를 선호하게 된 것이다. 오프라인 시장에서 유로화 사용 감소의 여파가 EU 경제에 위기 요인으로 작용한 것도 디지털 전환 정책을 자극하는 계기가 되었다. 아울러 미국이 디지털 달러화 도입을 고려하자 EU 디지털 유로화 도입의 필요성을 인식하였다.

1

디지털 사회로의 전환을 위한 유럽의 법제화

유럽과 EU는 디지털 기반으로 변화하는 사회에 적응하기 위한 노력을 꾸준히 수행하였다. 디지털 사회에서 유럽이 추구하는 디지털 정책의 목적은 기존의 소프트파워로 국제사회에서 자리 잡았던 그들의 위상을 높이고 비교우위를 점하는 것이다. EU는 디지털 정책에 대한 전략과 틀을 구축하는 과정에서 그들의 가치를 보존하면서도 국제사회에서 디지털 정책과 제도화의 흐름을 주도하고 있다. 국제사회도 유럽의 디지털 전환을 주목하면서 기술의 발전이 사회에 주는 영향을 분석하고 있다.

EU는 글로벌 디지털 협력 전략(Global Digital Cooperation Strategy)을 통하여 유럽의 가치를 국제적으로 알리고 디지털 전환에 대한 새로운 접근 방식을 제시하려 하고 있다. EU의 지속가능한 개발을 위한 2030 의제(2030 Agenda for Sustainable Development)에는 디지털 분야가 포함되어 있다는 점을 주목해야 한다. EU는 유럽의 이익을 대변하고 EU의 디지털 전략의 이점을 적극적으로 홍보하려는 목적으로 국가, 국제기구 및 다자간 포럼과 다양한 협력을 진행하고 있다.

2014년부터 EU는 비개인 데이터의 이동규정(Regulation on the Free Flow of Non-personal data), 사이버보안법(Cyber-security Act), 오픈데이터 지침(Open Data Directive), 일반정보보호규정(General Data Protection Regulation), 신뢰할 수 있는 인공지능 윤리 가이드라인(Ethics guidelines for trustworthy AI) 등을 수립하여 적용하였다. 이러한 제도들은 대체로 디지털 데이터 중심의 경제 활성화와 함께 도덕적 규율 기반을 마련하려는 목적의 법제화를 추진한 결과이다.

2015년 EU는 디지털 단일시장전략(Digital Single Market Strategy for Europe)을 발표하면서 디지털 분야의 발전과 성장을 이끌었다. 디지털 단일시장전략을 바탕으로 상품과 서비스에 직접 관련된 기존 시장 개념과 관련 규범의 범위가 디지털 관련 분야까지 확대되었다. EU는 2020년 유럽의 디지털 산업의 경쟁력 강화 방안과 미래 전략을 담은 디지털 전략안을 또 한번 발표하였는데, 이 정책안은 EU의 기후변화에 대응하는 정책인 유럽 그린딜(European Green Deal)과 함께 EU의 주요 정책 과제가 되었다. 또한 2020년 EU는 디지털 서비스법(Digital Services Act)에 따른 디지털 서비스 계획을 발표하였다.

현재 EU가 추진하고 있는 디지털 전략의 핵심은 EU에서 데이터 단일시장을 구축하고 인공지능 기술의 원료인 데이터가 역내 회원국 사이에 활발히 공유 및 활용될 수 있는 환경을 조성하여, 유럽 IT 기업의 경쟁력이 강화되도록 지원하는 것이다. EU는 유럽 국가들이 공유하는 가치에 따라 모두가 이익을 얻을 수 있는 방향으로 디지털 혁신을 관리하는 방식을 회원국과 유럽의 외부에 보급하고 있는데, 많은 국가가 유럽의 디지털 거버넌스 모델에 영향을 받고 있다. 유럽의 기업들은 더 많은 비즈니스 기회를 얻고 높은 부가가치의 경제 영역에서 유럽 시민을 위한 많은 일자리를 창출할 것이라고 예상한다.

2
디지털 유로화의 도입

EU는 디지털 기술을 활용한 유로화를 도입한다는 과제를 실천하고자 하였다. 디지털 화폐의 개념을 유럽에 적용하면, 디지털 유로화는 유로화의 디지털 방식이며 유로화 시스템에서 발행한 전자 화폐라고 정의할 수 있다. 유럽중앙은행은 디지털 유로화를 시민과 기업 모두가 사용하도록 하려고 한다. 그런데 유럽은 여전히 신용카드 또는 온라인 결제보다 현금 사용을 선호하는 경향이 있으며, EU 역시 이를 인지하고 있으므로 디지털 유로화가 현금을 대체하는 것이 아닌, 현재 유럽 시민들이 현금 지불 체계를 보완하는 방향이 될 것이라고 하였다.

디지털 시대에 맞추어 디지털 유로화가 온라인 접근성

을 높일 것이라는 의미이다. COVID-19 확산으로 비대면 결제와 디지털 전환 수요가 증가하면서 디지털 유로화 도입을 더욱 자극하였다. 또한 디지털 위안화의 등장이 EU가 디지털 화폐에 관심을 가지게 된 중요한 계기라고도 할 수 있다. 결국 디지털 유로화 도입은 유럽의 디지털 전환과 통화 패권의 유지라는 목적을 달성하는 방법이라고 볼 수 있다.

2019년 당시 EU 이사회 의장국이었던 핀란드는 디지털 유로화를 적극적으로 검토해야 한다는 의견서를 제출하였고, 유럽중앙은행은 민간 디지털 화폐의 부작용을 우려하면서 이를 검토하였다. 2020년 유럽중앙은행은 디지털 유로화 도입을 위한 통화 상황을 조사하기 위해 작업반을 설치하였으며, 2021년 EU집행위원회와 유럽중앙은행이 공동으로 디지털 유로화 지원 및 도입의 검토를 위해서 공식적인 업무를 시작하였다.

유럽중앙은행은 유럽의 중앙은행으로서 유로존 가계, 시장, 금융시스템에 안정성이 보장된 화폐와 신뢰할 수 있는 지불 수단을 제공해야 하는 역할을 맡고 있다. 현재 유럽에서도 디지털 전환은 가속화되고 있으며, 유럽 시민들은 디지털 결제를 선호하는 모습을 보이며 새로운 시대에 적응하고 있다. 따라서 시대의 변화에 따라 유럽에서 디지털 유로화를 도입함으로써 유럽 시민들의 요구를 충족시킬 것이다. 디지털 유로화는 중앙은행의 화폐 안전성 보장과 디지털 화폐의 빠르고 간편한 결제 방식이 어우러진 모습을 낳을 것이다.

3
디지털 유로화 도입에 관한 법적 근거

디지털 유로화는 EU 공통의 통화 정책이므로 EU법에 근거를 바탕으로 이루어져야 하는데, TFEU 119조와 127조, 128조 등에서 이를 찾을 수 있다. TFEU 제119조는 회원국의 활동 목적(Purpose of the activities of member states)을 명시하고 있으며, 여기에 언급된 활동에는 경제 정책이 포함된다. EU의 경제 정책은 역내 시장과 회원국의 경제 협력을 기반으로 해야 하며, 동시에 EU 공동의 목표인 자유로운 시장경제의 보장을 원칙으로 한다.

디지털 유로화가 디지털 전환에 기여하고 회원국 사이의 경제 협력을 도모할 수 있으며, 시장경제 체계의 디지털화를 이룰 수 있다는 점에서 법적 근거가 있다고 할 수 있

유럽중앙은행

다. TFEU 제3조에 따르면, EU는 회원국의 공동의 목표 달성을 위해서 경제 정책을 지원해야 한다. 또한 TFEU 제127조는 유럽중앙은행의 목적과 역할을 명시하고 있는데, 디지털 유로 정책은 디지털 전환이라는 회원국 공동의 목표를 달성하려는 목적이 있다. 나아가 EU의 디지털 활성화와 이를 위한 디지털 유로화 도입은 통화 정책에 해당하기 때문에, 유럽중앙은행이 그 정책을 담당해야 한다.

TFEU 제128조 제1항과 ESCB 규정 제16조에 따르면, 유럽중앙은행은 유로화 지폐 발행에 대한 배타적인 권리를 가지고 있다. TFEU 제128조 제2항에 따르면 회원국들은 유럽중앙은행의 승인을 받아야만 유로화를 발행할 수 있다고 한다. 이는 유로존 역내뿐만 아니라 역외에서도 '유로화'로서 지위를 가진 디지털 화폐는 민간 디지털 화폐를 발행하는 기업이 아닌 유럽중앙은행만이 발행할 수 있다는 법적 근거가 된다고 볼 수 있다. 2021년 유럽중앙은행은 디지털 유로화를 수행하는 목표가 지불, 사용 및 저축 프로세스를 쉽게 만들어 역내 단일통화를 국제적 위상으로 높이는 것이라고 발표했다. 또한 유로존 경제의 건전성과 통화 주권도 중요하지만, 디지털 유로화를 통해서 글로벌시장에서 유로화의 역할을 확대할 수 있다고 하였다.

TFEU 제119조와 제127조를 종합하면, 유럽중앙은행은 자원의 효율적인 배분과 자유 시장 경제의 원칙을 보장함으로써 EU 회원국 공동의 목표를 위한 경제 정책을 실천해야 하는 의무가 있다. 그 일환으로써 디지털 유로화 도입은 법적 근거가 충분하다. 디지털 유로화를 도입하여 유로존의 통화를 활성화하고 세계시장에서 유로화의 역할을 제고할 수 있는 것이다. 그러나 향후 디지털 화폐 일반에 관한 법적 논의가 지속될 것이며, 이것이 널리 활용되는 과정에서 드러나는 법적 문제점에 관해서도 많은 보완책이 제시되어야 한다.

4
디지털 법제와 디지털 유로화의 과제

유럽의 디지털 정책의 이면에는 해결해야 할 과제들이 있다. 유럽 사회 스스로 이미 인식하는 것처럼, 디지털 기술은 경제와 사회를 변화시키고 있으며 모든 개인의 활동과 시민들의 일상생활에 영향을 미치고 있다. 개인이 점점 많은 데이터를 생성하는 사회에서, 이를 수집하고 사용하는 방식은 제도화된 기준에 따르고 개인의 이익을 최우선으로 하며 엄격한 보호를 받아야 한다. 개인은 '법의 보호'라는 확신이 있는 경우에만 데이터 기반의 사회 및 기술적 혁신을 신뢰하고 수용할 것이다.

이러한 목적을 달성하기 위해서 필수적인 데이터 보호, 기본권 보장, 안전 및 사이버 보안 측면에서 강력한 법적 기반을 구축해야 한다. 유럽이 추구하는 데이터 전략은, 생산성 향상 및 경쟁 시장과 같은 데이터 사용의 이점뿐만 아니라 개인의 건강, 친환경, 투명한 거버넌스 및 편리한 공공서비스의 제공 등을 목적으로 한다. EU 데이터 전략의 핵심은 수집된 데이터가 공공, 개인, 기업에 공개되는 데이터 단일시장(Europe Data Space)을 구축하는 것이다.

디지털 화폐라는 개념이 등장한 시기에는 유로존 구성원들이 이를 적극적으로 고려하지 않았다. 유로화는 달러에 이어 외환 보유고 2위를 차지하고 있었으며, 미국의 달러화가 디지털 전환을 고려하지 않는 상황에서 디지털 유로의 도입은 성급했던 것으로 판단한 것이었다. 그러나 2014년에 중국 인민은행이 디지털 위안화를 고려하기 시작하자, EU가 2019년에 디지털 유로화 도입을 계획하였으니 디지털 화폐 도입에 있어서 다소 늦은 편에 속한다고 볼 수 있다. 여기에 COVID-19는 디지털 유로화의 필요성을 재확인하게 된 계기로 작용했다. 사람들은 오프라인 활동이 어려워지자, 기존의 현금 결제 시스템을 이용하기 힘들어졌다. 감염의 위험과 봉쇄로 사람들의 전자상거래 이용은 급증했고, 디지털 결제에 대한 수요는 급격하게 증가했다. EU의 여러 경제활동이 오프라인에서 온라인으로 이동하는 상황은 현재진행형이다.

유럽 시민들에게 법정화폐의 디지털 전환은 민간 영역이 맡을 수 있는 역할이 아니므로, 유럽중앙은행의 디지털 유로화 도입은 긍정적인 현상으로 보인다. 이미 비트코인, 이더리움 등 민간 디지털 화폐가 존재하므로 민간 디지털 화폐가 지금의 화폐 시스템을 대체할 수 있을 것이라는 주장도 있다. 그러나 민간 디지털 화폐는 화폐의 기능보다는 투기의 대상이 되는 경우가 많았으며, 여론과 규제 여부에 따라 가격 변동 폭이 심해 화폐 안정성이 약했다. 디지털 유로화는 디지털 화폐의 이점과 함께 중앙은행이 화폐 안정성을 보장한다는 점에서 장점이 있고, 역외에서의 유로화에 대한 접근성을 높여서 국가 사이의 거래를 효율적으로 전환하는 역할을 기대할 수도 있다.

디지털 유로화를 도입하면 발생할 가능성이 있는 문제도 있다. 바로 디지털 취약 계층에 대한 지원과 보안 문제이다. 유럽의회 경제통화위원회는 디지털 소외 현상을 고려하여 디지털 유로화가 지금의 유로화를 대체하는 것이 아님을 강조하였다. 또한 역내 대부분 시민뿐만 아니라 전문가들도 개인정보 보안에 관련된 문제를 우려하고 있다. 이외에도 유럽중앙은행은 현금 유동성 문제를 어떻게 해결할 것인지와 디지털 친화적인 시장을 어떻게 만들어야 할 것인지 결정해야 한다. 정보 기술 혁신과 데이터 혁명 속에서 디지털 기술을 활용한 글로벌 경제가 진화를 거듭하고 있다. 따라서 유럽의 디지털 전환과 디지털 유로화 도입 논의가 국제사회에 주는 영향도 고민해 보아야 할 지점이다.

참고문헌

교황 레오 13세 회칙, 『노동헌장』 (1987).

고주현, "포르투갈의 민주주의 이행과정 분석," 『유럽연구』, 제34권 4호 (2016).

권형진, "현대식 상업포경의 확대와 나치 독일의 남극해 포경", 『독일연구』, 제41호, 2018.

김기순, "남극과 북극의 법제도에 대한 비교법적 고찰", 『국제법학회논총』, 제55권 제1호, 2010.

김대순, 『국제법론』 (서울: 삼영사, 2022)

김명용, "영국의 브렉시트 후 EU에 대한 관계 전망과 한국에의 시사점," 『유럽헌법연구』, 제32호 (2020).

김민수, "북극 거버넌스와 한국의 북극정책 방향", 『해양정책연구』, 제35권 제1호, 2020.

김봉철, "골든비자(Golden Visa)제도 관련 포르투갈 이민법의 동향," 『강원법학』, 제61권 (2020).

김봉철, "북극항로 협력 등 한-러 무역활성화 구축을 위한 연구", 『무역학회지』, 제44권 제4호, 2019.

김봉철, "영국의 EU탈퇴(Brexit) 관련 법적 과제 및 전망," 『강원법학』, 제50권 (2017).

김봉철, "한-영 FTA와 한-EU FTA의 법적 비교와 전망," 『통합유럽연구』, 제11권 2집 (2020).

김봉철·임소라·양수영·박철용, "라틴아메리카 식민정책과 근대 조약: 1750년 마드리드 조약 체결을 중심으로", 「EU연구」, 제65호, (2023)

김상수, "국내정치 전략으로서의 '유럽연합 국민투표 법안(2015-2016)': 영국 보수당의 유럽회의주의를 중심으로”,『EU연구』, 제41호 (2015).
김승민, “브렉시트(Brexit): 영국의 유럽연합(EU) 탈퇴절차에 관한 법적 고찰,”『국제법학회논총』, 제62권 1호 (2017).
김승철,『그리스도교의 진화 II: 서기 800년까지 그리스도교의 역사』(서울: 좋은 땅, 2020)
김시홍, “유럽연합 시민권과 정체성의 사회적 차원”,『유럽연구』, 제 18권 (2003).
김용훈, “영국의 유럽연합 탈퇴와 유럽연합법질서의 국내법적 위상,”『유럽헌법연구』, 제24호 (2017).
김정우, “중세에서 교회법은 서양의 유일한 보편법”,《뉴스와 논단》, 2018.09.07. http://www.lawtimes.net/3120, (검색일자 : 2023.11.23.)
김종호, ”중앙은행 디지털 통화(CBDC)의 법적 과제“,『지급결제학회지』, 제13권 제1호 (2021년 6월).
김현정, “유럽재정위기 이후 유럽연합 내 노동이주 흐름의 변화가 지역경제에 미치는 영향,”『국제관계연구』, 제20권 2호 (2015).
남효순, “나폴레옹 법전(프랑스 민법전)의 제정에 관한 연구”,「법학」, Vol. 35, No. 1, (1994)
남효순, “프랑스 민법전의 과거, 현재와 미래 : 프랑스민법전 제정 200주년을 맞이하여”,「법학」, Vol. 47, No. 2, (2006)
노석태, “신국가의 국경과 Uti Possidetis 원칙”, 「성균관법학」, 제17권 제1호, (2005)
노영돈·박원, “북극해항로 관련 러시아 법제의 최근동향”, 『서울국제법연구』, 제 18권 제2호, 2011.
라미경, “기후변화 거버넌스와 북극권의 국제협력”, 『한국시베리아연구』, 제24권 제1호, 2020.
라미경, “스발바르조약 100주년의 함의와 북극권 안보협력의 과제”, 『한국 시베리아연구』, 24권 4호, 2020.
문병효, “한국 출입국관리법의 쟁점과 발전방향,”『강원법학』, 제55권 (2018).
박성욱, “일본 강점기의 행정행위와 독도에 대한 Uti Possidetis 원칙의 적용가능

성에 관한 연구-수로지와 독도문제를 중심으로", 「해사법연구」, 제23권 제3호, (2012)

박성준. 『디지털화폐의 등장과 금융시스템의 변화 전망』. 서울: 국회미래연구원, 2021.

박지선·신상욱, "프라이버시 보호 관점에서의 블록체인 플랫폼 분석",『Journal of Internet Computing and Services』, 제20권 제6호 (2019년 12월).

박현숙, "윌슨의 민족 자결주의와 세계 평화", 「미국사연구」, 제33집, (2011)

박희권, "UTI POSSIDETIS 원칙의 연구", 「국제법학회논총」 제35권 제1호, (1990)

박희중, "화장에 대한 교회법 규정",「가톨릭신학」, no.34, (2019)

서자영, "중앙은행 디지털화폐(CBDC)와 금융거래정보 보호", 『저스티스』, 제189호 (2022년 4월).

우기붕, "유럽연합 이민법제의 발전과 시사점-EU Directive를 중심으로", 『법조』, 제59권 1호 (2010).

윤영미, "러시아의 북극 지역에 대한 해양안보 전략: 북극해 개발과 한-러 해양협력을 중심으로", 『동서연구』, 제21권 제2호, 2009.

윤영순, "[칼럼- 진송범] 고대 유럽역사에서 바라 본 로마법의 교훈", 《한국정책방송》, 2023.07.10., http://www.kpbs.co.kr/12101

이건수, "결제 인프라 혁신과 디지털 통화의 유통 확산 가능성",『지급결제학회지』 제14권 제1호, (2022년 6월).

이규영, "쉥겐조약과 유럽시민권," 『유럽연구』, 제17권 (2003).

이상훈, "디지털 통화의 기본설계와 거래에서의 기능", 『지급결제학회지』제14권 제1호, (2022년 6월),

이상훈, "로마법상 점유의 개념: 문제맥락에 따른 구별", 「서울대학교 법학」, 제62권 제2호 (2021)

이상훈, "로마법상 점유의 취득과 상실-D.41.2 De adquirenda vel amittenda possessione를 중심으로-", 「법사학연구」, 제63호, (2021)

이세련, "국제법상 영토분쟁의 해결에 관한 고찰-Uti Possidetis 원칙을 중심으

로-",「전북대학교 법학연구」, 제31집, (2010)
이승호. "중앙은행 디지털화폐(CBDC)의 의의, 영향 및 시사점". 『자본시장연구원 자본시장포커스』. 2021-03호 (2021년 2월).
이영주. "중앙은행디지털화폐(CBDC) 발행 논의의 전개와 디지털 유로화(Digital Euro) - 유럽중앙은행(ECB)의 입장 및 디지털 유로화 발행의 의미를 중심으로". 『EU연구』. 제62호 (2022년 5월).
이영형·박상신, "러시아 북극 지역의 안보환경과 북극 군사력의 성격", 『한국시베리아연구』, 제24권 제1호, 2020.
이용희, "북극 북서항로의 국제법적 지위에 관한 연구", 『경희법학』, 제47권 제4호, 2012.
이용희, "북극 스발바르조약에 관한 연구", 『해사법연구』, 제25권 제2호, 2013.
이재성, "북극항로 및 북극권 자원 이용 전략에 관한 연구", 『해양비즈니스』, 제38호, 2017.
이정덕,「영국 산업혁명의 의의」, 열린전북(통권 제164호), 2013
이주윤, "EU조약과 영국법상 브렉시트의 제 문제에 대한 고찰," 『국제법평론』, 제46호 (2017).
이진영·정호원, "독일의 외국인 우수인재 유치 제도와 정책 연구: 한국에의 시사점," 『현대정치연구』, 제7권 1호 (2014).
임금섭, "인도의 디지털 화폐 정책과 핀테크 발전 가능성 연구",『지급결제학회지』, 제13권 제1호 (2021년 6월).
임소라, "포르투갈 이민법의 최근 동향과 향후 과제: 유럽통합과 브렉시트 현상을 중심으로 이민법 개정 방향에 관한 분석," 『통합유럽연구』, 제11권 2집 통권 21호 (2020).
임유진·이연호, "북극의 정치학과 북극정책의 새로운 길", 『동서연구』, 제26권 제4호, 2014.
임지형, "중앙 북극해 공해어업에 관한 국제입법 동향 분석", 『해사법연구』, 제28권 제3호, 2016.
전은진·Martin Josef SCHERMAIER, "Roman Law and European Culture",

「법학논집」, Vol. 12, No. 2, (2008)

정갑용, "Uti Possidetis 법리와 독도영유권-ICJ 판례와 일본의 관련 자료를 중심으로-", 「원광법학」, 제37권 제2호, (2016)

정경영, "중앙은행 발행 디지털화폐(CBDC)의 성질과 그 법적 포섭", 『금융법연구』, 제17권 제3호 (2020년 12월).

조규창, "로마法의 歷史的 意義 — 한국民法典의 法源으로서의 로마法 —", 「안암법학」, no. 59, (2019)

조동희, 윤형준, "브렉시트 개시: 의미와 쟁점," 『KIEP 오늘의 세계경제』, 제20권 2호 (2020).

조영현, 김영철, 김희순, 차경미, 『인종과 불평등』 (경기: 알렙 2020)

조홍식, "유럽 통합과 유럽 시민권의 형성," 『국제지역연구』, 제9권 3호 (2005).

천윤진, "규범적 관점에서 본 영국의 유럽연합 탈퇴," 『강원법학』, 제58권 (2019).

최병조, 『로마의 법과 생활』 (경기: 경인문화사, 2007)

최성경, "EU디지털지침의 독일채권법으로의 포섭과 그 입법론적 시사점", 『외법논집』제46권 제1호 (2022년 2월).

최영수, "브라질의 국경형성에 관한 연구", 「국제지역연구」, 제12권 제3호 (2008)

최영수, "브라질의 아마존 강 유역 영유에 관한 연구", 「포르투갈-브라질 연구」, 제8권 제2호, (2011)

최영수, 『라틴아메리카 식민사』 (서울: 대한교과서주식회사, 1995)

최철영, "샌프란시스코 평화조약과 국제법원의 영토주권법리", 「독도연구」, 제21호, (2016)

최해성, "이스빠노-루주(Luso) 아메리카 관계사 속에서의 반다오리엔탈 독립 연구", 「Revista Iberoamericana」, 24, (2), (2013)

한국은행 프랑크푸르트 사무소. 『ECB의 「디지털유로화」 관련 공청회 결과 주요 내용』. 서울: 한국은행, 2021.

한동일, 『법으로 읽는 유럽사』 (경기: 글항아리, 2018)

한동일, 『유럽법의 기원』 (서울: 문예림, 2013)

홍기원, "로마법상 uti possidetis 법리의 근대 국제법에서의 원용: 민족자결 원칙

과의 경합을 중심으로",「한양법학」, 제28권 제3집(통권 제59집), (2017)
황태희, "영국의 EU탈퇴(Brexit)에 따른 EU 및 영국 경쟁법 비교 연구,"『비교사법』, 제26권 1호 (2016).
"A digital euro that serves the needs of the public: striking the right balance". https://www.ecb.europa.eu/press/key/date/2022/html/ecb.sp220330_1~f9fa9a6137.en.html.
"A digital euro". https://www.ecb.europa.eu/paym/digital_euro/html/index.en.html
"Amending the 1999 protocol to abate acidification, eutrophication and ground-level ozone (the Gothenburg Protocol)", https://www.consilium.europa.eu/en/policies/clean-air/gothenburg-protocol
"Beyond monetary policy - protecting the continuity and safety of payments during the coronavirus crisis". https://www.ecb.europa.eu/press/blog/date/2020/html/ecb.blog200428~328d7ca065.en.html
"Bringing European payments to the next stage: a public-private endeavour". https://www.ecb.europa.eu/press/key/date/2022/html/ecb.sp220616~9f8d1e277b.en.html
"Canada's Arctic and Northern Policy Framework", https://www.rcaanc-cirnac.gc.ca/eng/1560523306861/1560523330587
"China's yuan could become the world's third largest reserve currency in 10 years, Morgan Stanley predicts". https://www.cnbc.com/2020/09/04/chinas-yuan-rmb-to-become-third-largest-reserve-currency-by-2030-morgan-stanley.html
"COVID-19 Drives Global Surge in use of Digital Payments". https://www.worldbank.org/en/news/press-release/2022/06/29/covid-19-drives-global-surge-in-use-of-digital-payments
"Digital euro could boost single currency's international use, ECB says".

https://www.reuters.com/business/digital-euro-could-boost-single-currencys-international-use-ecb-says-2021-06-02/

"Digital euro: opportunities and risks". https://www.bundesbank.de/en/press/speeches/digital-euro-opportunities-and-risks-894326

"Digital euro". https://www.bundesbank.de/en/tasks/payment-systems/digital-euro/digital-euro-886628

"EU Arctic Policy", https://eeas.europa.eu/arctic-policy/eu-arctic-policy_en

"FAQs on the digital euro". https://www.ecb.europa.eu/paym/digital_euro/faqs/html/ecb.faq_digital_euro.en.html

"Indigenous Peoples Rights in the Arctic", http://www.arctis-search.com/Indigenous+Peoples+Rights+in+the+Arctic

"Indigenous population in the Arctic", https://www.nordregio.org/maps/indigenous-population-in-the-arctic/

"Public money for the digital era: towards a digital euro". https://www.ecb.europa.eu/press/key/date/2022/html/ecb.sp220516~454821f0e3.en.html

"Stronger NATO presence in the Arctic", https://barentsobserver.com/en/node/17913

"Submissions, through the Secretary-General of the United Nations, to the Commission on the Limits of the Continental Shelf, pursuant to article 76, paragraph 8, of the United Nations Convention on the Law of the Sea of 10 December 1982", https://www.un.org/Depts/los/clcs_new/commission_submissions.htm

"The digital euro and the evolution of the financial system". https://www.ecb.europa.eu/press/key/date/2022/html/ecb.sp220615~0b859eb8bc.en.html

"The Return of Great Power Competition to the Arctic", https://www.thearcticinstitute.org/return-great-power-competition-arctic/

"디지털 달러·디지털 유로… 미·중·EU, CBDC 속도 낸다". https://www.chosun.com/economy/int_economy/2022/03/03/

PLAHKCBPUJAA7AB7VAD4RQ2ZZ/
"암호화폐 거래소 해킹공격, 결국 자산 유출 노린다". https://www.edaily.co.kr/news/read?newsId=02686326622625368&mediaCodeNo=257
Alexander Sergunin, "Arctic Regional Security", Handbook of Research on International Collaboration, Economic Development, and Sustainability in the Arctic, (Chicago, IGI Global, 2019).
Alexis Bunten, "A call for attention to Indigenous capitalisms", New Proposals: Journal of Marxism and Interdisciplinary Inquiry, Vol. 5 No. 1, (2011).
Avery, C., Bossert, W., Clark, A., Ellison, G., and Ellison, S. F. "Policy Implications of Models of the Spread of Coronavirus: Perspectives and Opportunities for Economists". NBER Working Paper Series. No. 27007 (April 2020).
Avrupa Komisyonu and Yüksek Temsilcilik, "Joint Communication to the European Parliament and the Council: An Integrated European Union Policy for the Arctic", 2016.
Baganha, Maria, "Política de imigração: A regulação dos fluxos," Revista Crítica de Ciências Sociais Vol. 73 (2005).
Britannica, T. Editors of Encyclopaedia, "Napoleonic Code", Encyclopedia Britannica, November 14, (2023) https://www.britannica.com/topic/Napoleonic-Code
Brocker·Manfred, 『Arbeit und Eigentum』 (AbeBooks Verkäufer seit, 2010)
Carvalho, João, "'Bringing the state back in': A political economy analysis of Portuguese immigration policy," Mediterranean Politics Vol. 23, Issue 4 (2018).
Enrico Milano, Unlawful Territorial Situations in International Law, (Martinus Nijhoff), 2006
European Central Bank. Report on a Digital Euro. Frankfurt: European Central Bank, 2020.

European Central Bank. Study on the Payment Attitudes of Consumers in the Euro Area (SPACE). Frankfurt: European Central Bank, 2020.

European Commission, "EU-UK Relations: From the UK referendum to a new Trade and Cooperation Agreement: Timeline," https://ec.europa.eu/info/files/eu-uk-relations-uk-referendum-new-trade-and-cooperation-agreement-timeline_en

European Commission, "EU-UK Trade and Cooperation Agreement: A new relationship, with big changes-Brochure," https://ec.europa.eu/info/files/eu-uk-trade-and-cooperation-agreement-new-relationship-big-changes-brochure_en

European Commission, "EU-UK Trade and Cooperation Agreement: protecting European interests, ensuring fair competition, and continued cooperation in areas of mutual interest,"

https://ec.europa.eu/commission/presscorner/detail/en/ip_20_2531

Fabbrini, Federico, "Introduction," Federico Fabbrini (ed.), The Law & Politics of Brexit. (Oxford: Oxford University Press, 2017).

Fegatelli, Paolo. "The One Trillion Euro Digital Currency: How to Issue a Digital Euro without Threatening Monetary Policy Transmission and Financial Stability?". Central Bank of Luxembourg Working Paper. No. 155 (August 2021).

Frankel, Joseph, British Foreign Policy 1945-1973 (London: Oxford University Press, 1975).

Fulbright, Norton Rose, "Immigration after Brexit: The new points-based system," https://www.nortonrosefulbright.com/en/knowledge/publications/2fd4c32b/immigration-after-brexit

Gaspar, Sofia and Fernando Ampudia de Haro, "Buying Citizenship? Chinese Golden Visa Migrants in Portugal," International Migration Vol. 58, No. 3 (2019).

Gino J. Naldi, "The Case Concerning the Frontier Dispute (Burkina Faso/Republic of Mali): Uti possidetis in an African Perspective," The International and Comparative Law Quarterly, Vol. 36, No. 4, (1987)

Góis, Pedro and José Carlos Marques, "Portugal as a Semi-peripheral Country in the Global Migration System," International Migration Vol. 47, No. 3 (2009).

Grünewald, Seraina Neva, Zellweger-Gutknecht, Corinne, and Geva, Benjamin. "Digital Euro and ECB Powers". Common Market Law Review. Vol. 58. Issue 4 (2021)

Gümüs, Yasin Kerem, "EU Blue Card Scheme: The Right Step in the Right Direction?," European Journal of Migration and Law Vol. 12, No. 4 (2010).

Hugh Turral, Jacob Burke and Jean-Marc Faurès, Climate change, water and food security, (FAO Water Reports, Rome, 2011).

Jaime Cortesão, Histórias do Brasil nos Velhos Mapas-Tomo II (Lisboa: Imprensa Nacional-Casa da Moeda, 2009)

James Crawford, Public International Law, 8th ed., (New York: Oxford University Press, 2012)

Jérémie Mouginot et al. "Forty-six years of Greenland Ice Sheet mass balance from 1972 to 2018", Proceedings of the National Academy of Sciences of the United States of America, Vol. 116 No. 19, (2019).

Johan Strang, "Nordic Political and Economic Cooperation : Context , History and Outlook", Forum Paper in ASEAN Energy Market Integration (AEMI), Energy Security and Connectivity: The Nordic and European Union Approaches, (February 2016).

Joshua Castellino, "Territorial integrity and the "Right" to self - determination: an examination of the conceptual tools", Brooklyn Journal of International Law Vol. 33, Brooklyn Law School, (2008)

Joshua Castellino, International Law and Self-Determination: The Interplay of the Politics of Territorial Possession with Formulations of Post-Colonial 'National' Identity, (Hague: Martinus Nijhoff Publishers, 2000)

Jure Vidmar, "Confining New International Borders in the Practice of Post-1990 State Creations", ZaöRV 70, Max-Planck-Institut, (2010)

Kříž Zdeněk and Filip Chrášťanský, "Existing Conflicts in the Arctic and the Risk of Escalation: Rhetoric and Reality", Perspectives: Central European Review of International Affairs, Vol. 20 No. 1, (2012).

Kue Young, Boris Revich and Leena Soininen, "Suicide in circumpolar regions: an introduction and overview", International journal of circumpolar health, Vol. 74 No. 1, (2015).

Laurence Kirmayer, Gregory Brass, and Caroline Tait, "The mental health of Aboriginal peoples: Transformations of identity and community", The Canadian Journal of Psychiatry, Vol. 45 No. 7, (2000).

MacShane, Denis, Brexit: How Britain Left Europe (London: Bloomsbury Publishing, 2016).

Malte Humper and Andreas Raspotnik, "The future of Arctic shipping along the transpolar sea route", Arctic Yearbook 2012, 2012.

Martins, Ana Paula, "Portuguese Immigration: Labor Market Assignment," Regional and Sectoral Economic Studies Vol. 12, No. 1 (2012).

Meijer, G., Meijer, S.Y, "Influence of the Code Civil in the Netherlands", European Journal of Law and Economics 14, (2002)

Michael Merlingen and Rasa Ostrauskaite, European Security and Defence Policy, (London, Routledge, 2008).

Oleg Anisimov et al. "Polar regions (arctic and antarctic)", Climate change, Vol. 15, (2007).

Oliveira, Catarina Reis and Isabel Estrada Carvalhais, Report on Political Participation of Mobile EU Citizens Portugal (Fiesole: European

University Institute, 2019).

Pål Prestrud and Ian Sterling, "The International Polar Bear Agreement and the current status of polar bear conservation", Aquatic Mammals, Vol. 20 No. 3, (1994).

Peixoto, João, Catarina Sabino, and Alexandre Abreu, "Immigration Policies in Portugal: Limits and Compromise in the Quest for Regulatio," European Journal of Migration and Law Vol. 11 (2009).

Pereira, Sónia, "Replacement Migration and Changing Preferences: Immigrant Workers in Cleaning and Domestic Service in Portugal," Journal of Ethnic and Migration Studies Vol. 39, No. 7 (2013).

Peter Bjerregaard and Inge Lynge, "Suicide—a challenge in modern Greenland", Archives of Suicide Research, Vol. 10 No. 2, (2006).

Petra Dolata, "A Balanced Arctic Policy for the EU. IN-DEPT ANALYSIS Requested by the AFET committee (This paper was requested by the European Parliament's Policy Department for External Relations)", (2020).

Ribeiro, Ana Teresa, "경제위기 이후 포르투갈 노동법개혁의 내용 및 평가," 『국제노동브리프』, 제14권 10호 (2016).

Robert O. Bucholz, "The Napoleonic Code", History of Western Civilization 2, (2006) https://courses.lumenlearning.com/suny-hccc-worldhistory2/chapter/the-napoleonic-code/

Rudolf, Adam, Brexit: Causes and Consequences (Berlin: Springer, 2019).

Sandner, P. G., Gross, J., Grale, L., and Schulden, P. "The Digital Programmable Euro, Libra and CBDC: Implications for European Banks". EBA Policy Research Workshop: New Technologies in the Banking Sector - Impacts, Risks, and Opportunities. (July 2020).

Santos, Boaventura de Sousas, Pela mão de Alice: o social e o político na pós-modernidade (Coimbra: Almedina, 2013).

Steven Ratner, "Drawing a Better Line: Uti Possidetis and the Borders of New States", Robert J. Beck & Thomas Ambrosio(eds.), International Law and the Rise of Nations, (New York: Chatham House Publishers, 2002)

Suzanne Lalonde, Determining Boundaries in a Conflicted World: The Role of Uti Possidetis, (McGill-Queen's University Press, 2002)

The Independent. "Brexit: Article 50 was never actually meant to be used, says its author,"

https://www.independent.co.uk/news/uk/politics/brexit-eu-referendum-britain-theresa-may-article-50-not-supposed-meant-be-used-trigger-giuliano-amato-a7156656.html

tvN STORY, "우리나라 민사소송법에도 영향을 준 로마법! 유스티아누스 황제가 법전을 만든 이유 #책읽어주는나의서재 EP.28 | tvN STORY 211130 방송", Youtube, https://www.youtube.com/watch?v=_dHFMprnvTU&t=90s

Urbano de Sousa, Constança, "The New Portuguese Immigration Act," European Journal of Migration and Law Vol. 4 (2002).

Urbinati, E., Belsito, A., Cani, D., Caporrini, A., Capotosto, M., Folino, S., Galano, G., Goretti, G., Marcelli, G., Tiberi, P., and Vita, A. "A Digital Euro: A Contribution to the Discussion on Technical Design Choices". Bank of Italy Markets, Infrastructures, Payment Systems Series. No. 10 (July 2021).

한국외국어대학교 EU연구소 신사회계약인문사회총서 02

법으로 보는 유럽

초판 인쇄 2024년 3월 14일
초판 발행 2024년 3월 21일

지은이 김봉철
발행인 박연관
기획 신선호
편집장 장혜정
도서편집 박미현
디자인 최재영
인사행정 이근영
재무회계 김문규
전자책·사전 이지현
캐릭터 변혜준
발행처 한국외국어대학교 지식출판콘텐츠원
02450 서울특별시 동대문구 이문로 107
전화 02)2173-2494~7
FAX 02)2173-3363
홈페이지 http://press.hufs.ac.kr
전자우편 press@hufs.ac.kr
출판등록 제6-6호(1969. 4. 30)
인쇄·제본 (주)케이랩 053-583-6885

ISBN 979-11-7199-236-2 [93360] **정가** 15,000원

* 잘못된 책은 교환하여 드립니다.

HUINE은 한국외국어대학교출판부의 어학도서, 사회과학도서, 지역학 도서 Sub Brand이다. 한국외대의 영문명인 HUFS, 현명한 국제전문가 양성(International+Intelligent)의 의미를 담고 있으며, 휴인(携引)의 뜻인 '이끌다, 끌고 나가다'라는 의미처럼 출판계를 이끄는 리더로서, 혁신의 이미지를 담고 있다.